Deutsch mit Olli

2

Testheft

Name:
Klasse:

Cornelsen

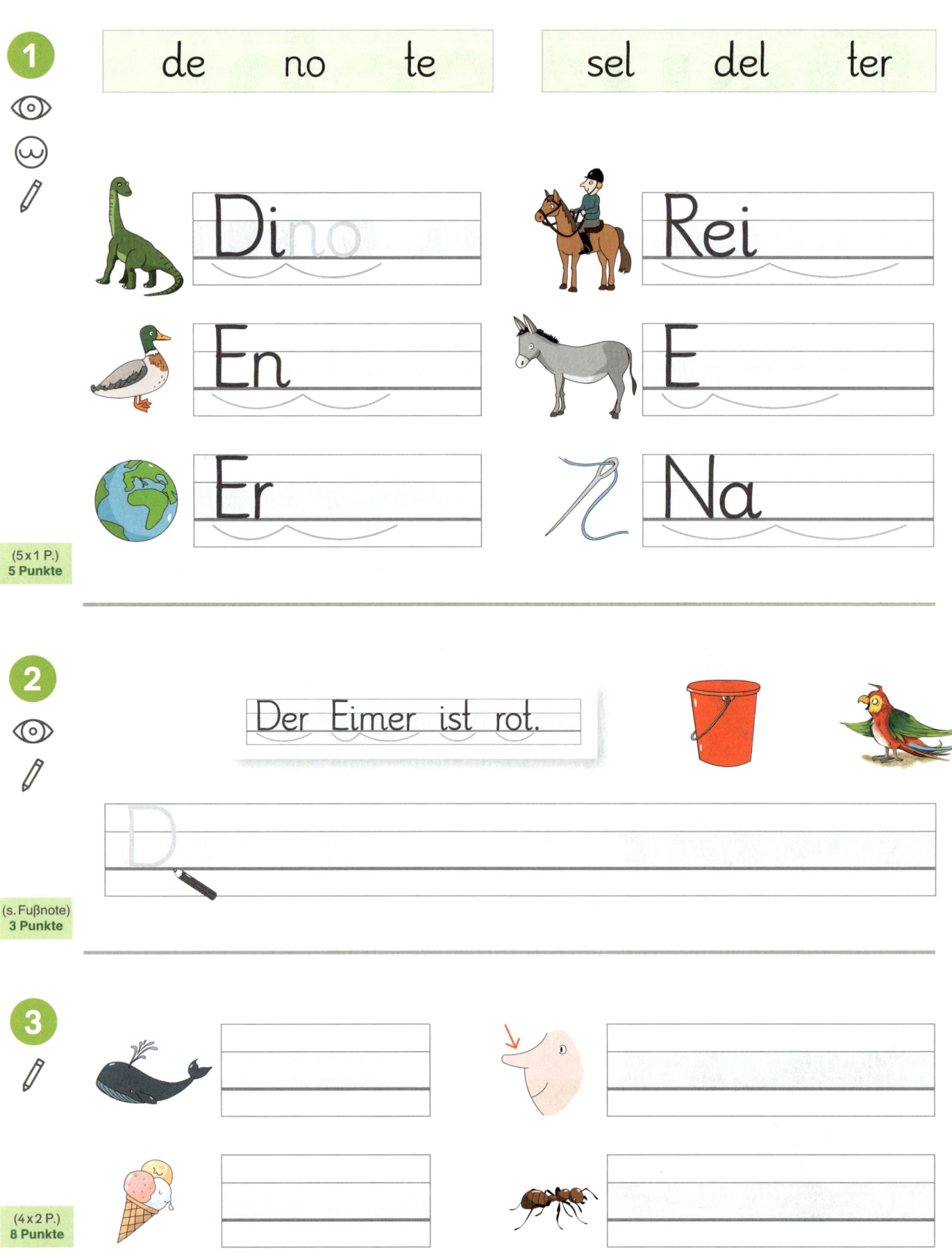

1

| de | no | te | | sel | del | ter |

Dino

Rei

En

E

Er

Na

(5 x 1 P.)
5 Punkte

2

Der Eimer ist rot.

D

(s. Fußnote)
3 Punkte

3

(4 x 2 P.)
8 Punkte

Themen: 1 Silben (Nomen)   2 einfachen Satz abschreiben/Abschreibregeln anwenden   3 lauttreue Begriffe frei verschriften

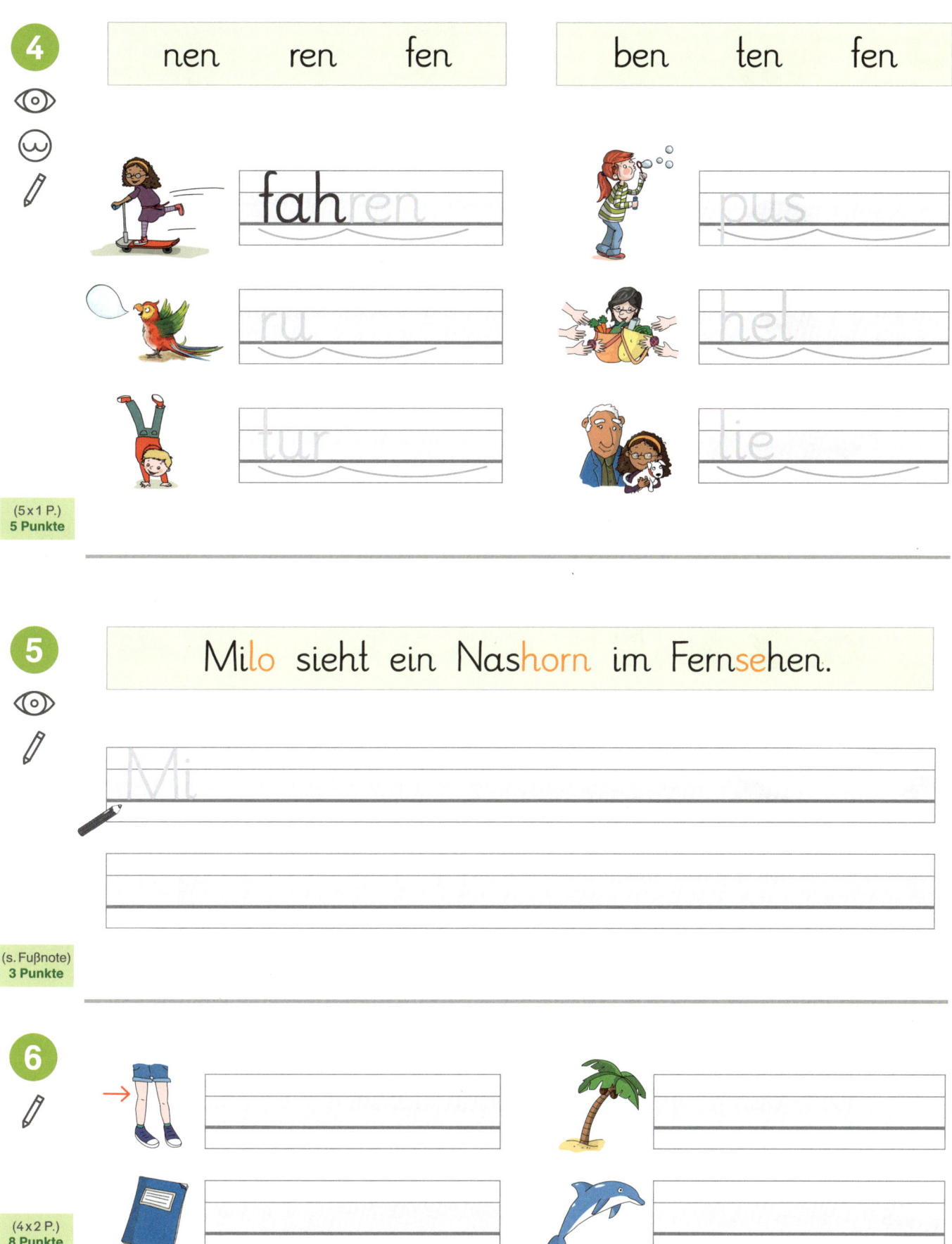

4

| nen | ren | fen | | ben | ten | fen |

fah~ren~

~pus~

~ru~

~hel~

~tur~

~tie~

(5 x 1 P.)
5 Punkte

5

Mi**lo** sieht ein Nas**horn** im Fern**se**hen.

~Mi~

(s. Fußnote)
3 Punkte

6

(4 x 2 P.)
8 Punkte

Themen: 4 Silben (Verben)   5 einfachen Satz abschreiben/Abschreibregeln anwenden   6 lauttreue Begriffe frei verschriften

3

7

Emil

Milo

Olli

Milo

- übt auf seiner Flöte.
- mag Kohl und Gemüse.
- lässt seinen Dino fliegen.
- taucht zu kleinen Fischen.

(4 x 1 P.)
4 Punkte

8

Was ist richtig?
Was ist falsch?

Manche Enten schwimmen im Teich.

Schwarze Krokodile fressen gerne Löffel.

Olli taucht unter einem Zaun durch.

Es gibt auch bunte Käfer.

(5 x 1 P.)
5 Punkte

Olli kann Nüsse an einen Baum zaubern.

Themen: 7 Satzfragmente zuordnen 8 Sätze sinnerfassend lesen/auf Wahrheitsgehalt prüfen

9 Ergänze immer das richtige Wort.

| stehen | steigen | spüren | jubeln | staunen |

Wir _stei_____ auf die Berge hoch.

Alle _____ beim Sporttag laut.

Vögel _____ starken Wind beim Fliegen.

Wir _____ beim Start vor der Linie.

(4 x 1 P.)
4 Punkte

10 Schreibe ab.

Im Januar jagt
der Jaguar den Jäger davon.

(s. Fußnote)
4 Punkte

11

(2 x 2 P.)
4 Punkte

Themen: 9 Lückensätze vervollständigen   10 Satz abschreiben/Abschreibregeln anwenden   11 nicht lauttreue Begriffe frei verschriften

5

1 Schreibe die Nomen mit dem bestimmten Artikel auf.

(4 x 2 P.)
8 Punkte

2 Menschen, Tiere, Pflanzen oder Dinge? Schreibe in die passende Zeile.

Schnecke   Baum   Lehrerin   Fliege   Heft   Blume   Junge   Tafel

Menschen:

Tiere:

Pflanzen:

Dinge:

(8 x 1 P.)
8 Punkte

3 Schreibe die Nomen in der Mehrzahl auf.

die Lampe   das Bild

der Schrank   der Ring

das Baby   der Hut

(6 x 1 P.)
6 Punkte

4 Schreibe die Nomen richtig auf. Zeichne Silbenbögen.

(4 x 2 P.)
8 Punkte

Themen: 1/2: Nomen/Artikel   3: Einzahl/Mehrzahl   4: Silben

5 Wer tut was? Verbinde.

Blumen • • bellen.

Fische • • lesen.

Kinder • • blühen.

Hunde • • schwimmen.

Autos • • summen.

Bienen • • leuchten.

Hasen • • fahren.

Lampen • • hoppeln.

(8 x 1 P.)
8 Punkte

---

6 Setze die Verben passend ein.

lese   singt   malt   trinkt   essen   schreibt

Ich _____ ein Buch. Opa _____ einen Brief.

Lea _____ ein Lied. Tim und Tom _____ Eis.

Alia _____ ein Bild. Flora _____ Milch.

(6 x 1 P.)
6 Punkte

---

7 In diesen Wörtern fehlen die Selbstlaute. Fülle die Lücken richtig aus.

D[ ]s[ ]   Bl[ ]m[ ]   [ ]pf[ ]l   S[ ]l[ ]m[ ]

(4 x 1 P.)
4 Punkte

---

8 Finde die Reimwörter und fülle die Lücken aus.

blau – schl[ ]   die Beule – die [ ]le   die Maus – das [ ]aus

leise – M[ ]se   das Feuer – t[ ]er   das Bein – kl[ ]n

(6 x 1 P.)
6 Punkte

---

9 Bilde die Mehrzahl der Nomen. Markiere die Umlaute.

der Apfel – die _____   das Tuch – die _____

der Vogel – die _____   die Kuh – die _____

(4 x 1 P.)
4 Punkte

Themen: 5/6: Verben 7: Selbstlaute 8: Zwielaute 9: Umlaute

1 Sind die Sätze richtig geschrieben? Kreuze an.

alle freuen sich auf Milos Geburtstag   Richtig ☐   Falsch ☐

Seine Oma backt eine leckere Torte.   Richtig ☐   Falsch ☐

die Kinder spielen lustige Spiele   Richtig ☐   Falsch ☐

milo freut sich über die tollen Geschenke   Richtig ☐   Falsch ☐

(4 x 1 P.)
4 Punkte

---

2 Setze die passenden Satzzeichen ein.

Was wollen wir heute machen ☐ Wir können Verstecken spielen ☐

Ich möchte ein Eis essen ☐ Hast du eine andere Idee ☐ Ich würde

gerne ins Schwimmbad gehen ☐ Wie lange hast du noch Zeit ☐

(6 x 1 P.)
6 Punkte

---

3 Schreibe und markiere den ersten Selbstlaut mit **.** oder _.

(6 x 2 P.)
12 Punkte

---

4 Schreibe die Wörter auf. Markiere den kurzen Selbstlaut vor den doppelten Mitlauten.

(4 x 2 P.)
8 Punkte

Themen: 1: Sätze erkennen/großschreiben 2: Aussage-/Fragesätze 3: lange/kurze Selbstlaute 4: Zwei Mitlaute nach kurzem Selbstlaut

5 Finde die zehn Adjektive. Kreise sie ein.

lesen   warm   kurz   Heft   spitz   lesen   Sonne

weich   spielen   klein   trocken   essen   sehen

(10 x 1/2 P.)
5 Punkte   fleißig   laufen   bunt   richtig   faul   Hut   rennen

---

6 Lies die Sätze. Schreibe die Gegensätze auf.

Elefanten sind **groß**. Flöhe sind _____ .

Der Opa ist **alt**. Das Kind ist _____ .

(3 x 2 P.)
6 Punkte   Am Tag ist es **hell**. In der Nacht ist es _____ .

---

7 **d** oder **t**? Finde zu jedem Nomen die Verlängerung.

das Lie ☐ ↪ _____   das Bro ☐ ↪ _____

das Pfer ☐ ↪ _____   die Han ☐ ↪ _____

(6 x 1 P.)
6 Punkte   das Gesich ☐ ↪ _____   das Bil ☐ ↪ _____

---

8 **b/p** oder **g/k** am Ende? Fülle die Lücken richtig aus.

der Köni ☐   das Geschen ☐   der Die ☐   das Sie ☐

(8 x 1/2 P.)
4 Punkte   der Schran ☐   klu ☐   lie ☐   star ☐

---

9 Was siehst du auf den Bildern? Schreibe die Wörter auf.

_____   _____

(4 x 2 P.)
8 Punkte   _____   _____

---

1 Verbinde passend: der/ein, die/eine oder das/ein?

Apfel

Marmelade

Messer

der/ein

Müsli

die/eine

Quark

Schokolade

das/ein

Kartoffel

Honig

(8 x 1/2 P.)
4 Punkte

---

2 Kreise bei den Wörtern den Wortstamm „Koch/koch" blau ein und den Wortstamm „Pflanz/pflanz" rot.

einpflanzen   Kochstelle   Topfpflanze   ungekocht   Chefkoch

(10 x 1/2 P.)
5 Punkte anpflanzen   Kochbuch   Grünpflanze   Eierkocher   Pflanzenbuch

---

3 Immer drei Wörter gehören zu einer Wortfamilie. Kreise sie jeweils mit derselben Farbe ein.

Fahrzeug   Schreibtisch   versprechen   Gespräch

Flugzeug   wegfahren   absprechen   geschrieben

(12 x 1/2 P.)
6 Punkte Fähre   geflogen   abschreiben   Abflug

---

4 Fülle die Lücken der Wortfamilien „wohnen" und „fühlen" aus.

die Wo☐nung   einfü☐lsam   sie wo☐nt   das Gefü☐l

(8 x 1/2 P.)
4 Punkte die Bewo☐nerin   der Fü☐ler   der Wo☐nwagen   gefü☐llos

---

5 Schreibe die Reimwörter mit **ie** auf.

Diebe: L   Biene: Sch   liegen: W

(6 x 1 P.)
6 Punkte Riese: W   spielen: Z   hier: T

Themen: 1: bestimmter/unbestimmter Artikel 2: Wortstamm 3: Wortfamilie 4: stummes h 5: Wörter mit ie

6 Setze die Verben passend ein.

| sind | spielen | isst | liegt | backen | hört | sitzt |

Milo _____ in der Hängematte und _____ Musik.

Sami _____ am Tisch und _____ einen Apfel.

Emil und Ela _____ ein Kartenspiel. Noemi und Mila

_____ in der Küche und _____ einen Kuchen.

(7 x 1 P.)
7 Punkte

---

7 Schreibe die Verben zum passenden Wortfeld.

| bitten | schleichen | humpeln | schreien | rennen | flüstern | spazieren | fragen |

Wortfeld: **sagen**

| | | | |

Wortfeld: **gehen**

| | | | |

(8 x 1 P.)
8 Punkte

---

8 Schreibe die Reimwörter auf und markiere die kurzen Selbstlaute.

Mutter: B   Tanne: W   rollen: w

Schlüssel: R   offen: h   dumm: st

(6 x 2 P.)
12 Punkte

---

9 Was siehst du auf den Bildern? Schreibe die Wörter auf.

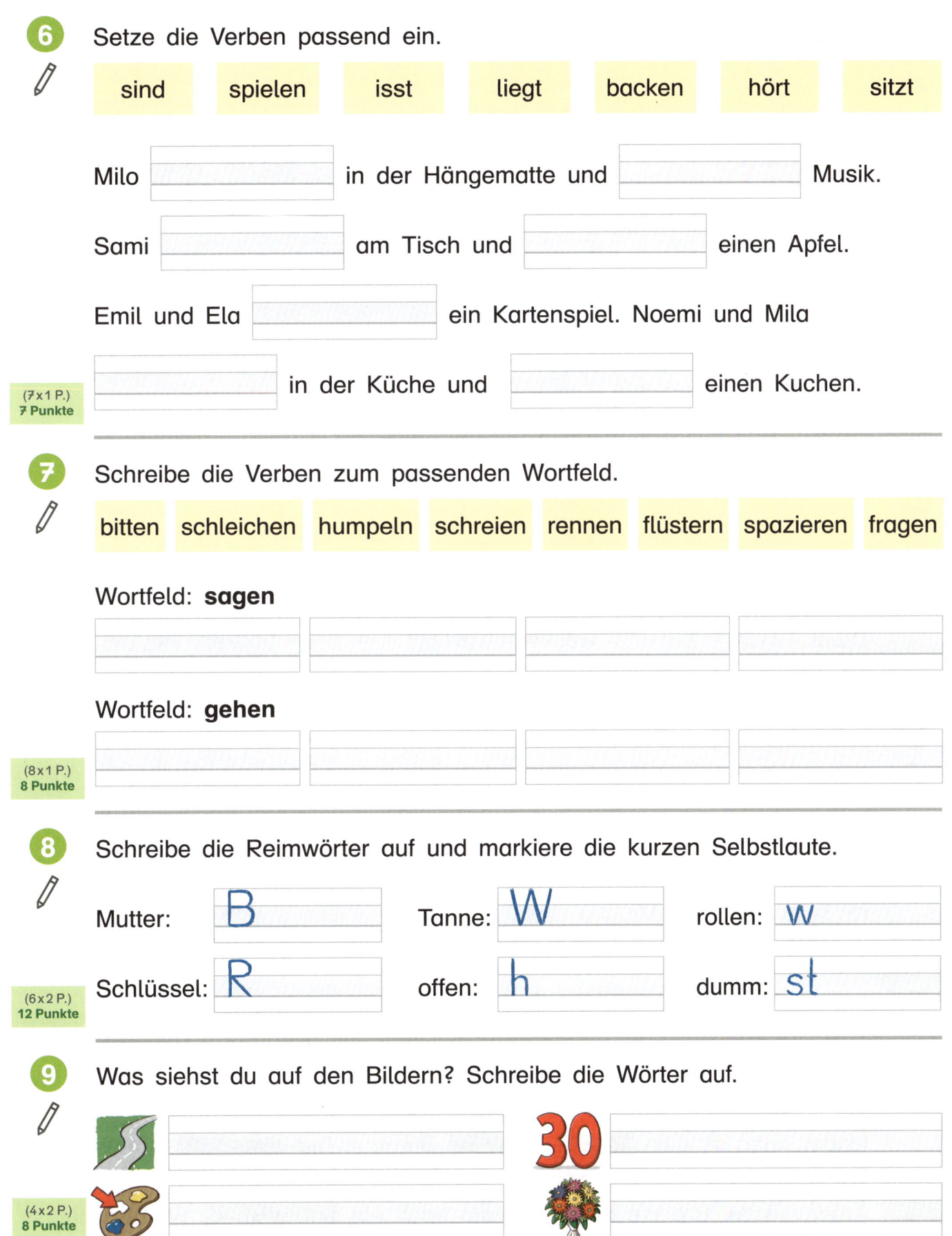

(4 x 2 P.)
8 Punkte

1 Setze die passenden Satzeichen ein.

Hört sofort auf

Wann sind wir da

Es gibt noch leckere Kekse

Oh nein

Wie spät ist es

Wir sind bald in Italien

Die Fahrt dauert noch ungefähr drei Stunden

(7 x 1 P.)
7 Punkte

2 Verbinde die verwandten Wörter mit Ä/ä und Äu/äu.

Mann •   • Mäuse
Maus •   • Schränke
Schrank •   • Männer

Hand •   • Sträucher
Strauch •   • träumen
Traum •   • Hände

(6 x 1/2 P.)
3 Punkte

3 Schreibe die Reimwörter auf.

Mücke: Br   Stück: Gl   Block: R

Dreck: F   wecken: verst   bücken: R

(6 x 1 P.)
6 Punkte

4 Schreibe die Wörter richtig auf.

Katze   kratzen   Mütze   sitzen

Blitz   witzig   Matraze   schmutzig

(8 x 1/2 P.)
4 Punkte

5 Kreise immer das passende Adjektiv ein.

Milas Fahrrad ist rot/rote . Das rotes/rote Fahrrad war ein Geschenk.
Leider hatte es eine kaputte/kaputter Bremse. Die altes/alte Bremse muss
ersetzt werden. Die neuer/neue Bremse funktioniert sehr gut. Für den
Ärger mit der Bremse bekommt Mila noch ein buntes/bunt Fahrradschloss.

(6 x 1 P.)
6 Punkte

Themen: 1: verschiedene Satzarten 2: Wörter mit a/ä, au/äu 3: Wörter mit ck 4: Wörter mit tz 5: Adjektive verändern sich

6 Kreise die Wortarten mit unterschiedlichen Farben ein: Nomen blau, Verben rot und Adjektive grün.

blau   schreiben   Buch   Schule   suchen   holen   Eis   schlau

(14 x 1/2 P.)
7 Punkte

aufgeregt   spielen   Sommerfest   warm   freundlich   Post

---

7 Setze die Verben ein und unterstreiche die vorangestellten Wortbausteine.

| aufbrechen | loslassen | verlassen | vorlassen | wegrennen |

Ela und Naomi _____ das Bootshaus. Sie wollen zum

Spielplatz _____. Sie treffen Milo mit Fiete. Milo darf

Fietes Leine nicht _____. Endlich kommt auch Mila.

Es wollte sie niemand in der Warteschlange _____.

(5 x 2 P.)
10 Punkte

---

8 Klingt das **ch** wie bei **Milch**? Dann markiere es.
Klingt das **ch** wie bei **Buch**? Dann markiere es mit einer anderen Farbe.

Kuchen   Koch   Nachmittag   wach   reich   Gesicht   riechen   Tochter

(16 x 1/2 P.)
8 Punkte

dich   schlecht   Drache   Loch   Licht   rechnen   suchen   Bauch

---

9 Löse die Rätsel und schreibe die Wörter auf.

Er ist weiß und fällt im Winter vom Himmel: _____

Sie wachsen bei den meisten Menschen auf dem Kopf: _____

Damit kann man rudern: _____

(4 x 1 P.)
4 Punkte   Man kann darin schwimmen und es reimt sich auf „Tee": _____

Themen: 6: Wortarten erkennen: Nomen, Verben, Adjektive   7: Vorangestellte Wortbausteine   8: Wörter mit ch   9: Merkwörter mit aa, ee, oo

Der Wiederholungstest (Test 1) kann als Entscheidungsgrundlage für die Auswahl der Arbeitshefte **Leicht/Basis** oder **Basis/Plus** dienen.

Maximal zu erreichende Punktanzahl: **53 Punkte**

▸ **Bis zu 35 Punkten** empfehlen wir, mit dem Arbeitsheft **LEICHT | BASIS** weiterzuarbeiten.

▸ **Ab 36 Punkten** empfehlen wir, mit dem Arbeitsheft **BASIS | PLUS** weiterzuarbeiten.

Einstufung der Einzelkompetenzen zur Lernstandserhebung

Test Seite	Nr.	Kompetenzen Das Kind ...	sicher	teilweise	unsicher	SOLL-Pkt.	IST-Pkt.
Test 1 Seite 2	1	... kann bei einfachen Zweisilben (Nomen) zur Erstsilbe die passende Endsilbe aus einer Auswahl schreiben.				5	
	2	... kann einen einfachen Satz unter Anwendung der Abschreibregeln (LeMe-SchKo) richtig abschreiben.				3	
	3	... kann einfache lauttreue Begriffe frei verschriften.				8	
Test 1 Seite 3	4	... kann bei Zweisilben (Verben) zur Erstsilbe die passende Endsilbe aus einer Auswahl schreiben.				5	
	5	... kann einen einfachen Satz unter Anwendung der Abschreibregeln (LeMe-SchKo) richtig abschreiben.				3	
	6	... kann einfache lauttreue Begriffe frei verschriften.				8	
Test 1 Seite 4	7	... kann Satzfragmente aus einer Auswahl nach Bildvorgabe einander richtig zuordnen. (Sinnerfassung auf Satzebene)				4	
	8	... kann Sätze sinnerfassend erlesen und auf ihren Wahrheitsgehalt prüfen.				5	
Test 1 Seite 5	9	... kann Lückensätze mit richtigem Verb aus einer Auswahl schriftlich vervollständigen (im Satzinnern).				4	
	10	... kann einen Satz unter Anwendung der Abschreibregeln (LeMeSchKo) richtig abschreiben.				4	
	11	... kann nicht lauttreue Begriffe frei verschriften.				4	
					Gesamtpunktzahl	53	

Einstufung der Einzelkompetenzen als Grundlage zur individuellen Förderung

Test Seite	Nr.	Kompetenzen Das Kind …	sicher	teilweise	unsicher	SOLL-Pkt.	IST-Pkt.
Test 2 Seite 6	1/2	… erkennt Nomen / schreibt Nomen groß … kennt den bestimmten Artikel				8	
	3	… kennt Einzahl und Mehrzahl				8	
	4	… erkennt Silben, kann Silbenbögen zeichnen				6	
Test 2 Seite 7	5/6	… erkennt Verben/kann Verben einsetzen				8	
	7	… kennt die Selbstlaute				8	
	8	… kennt die Zwielaute				6	
	9	… kennt die Umlaute				4	
		Punkte Test 2				48	
Test 3 Seite 8	1/2	… schreibt Satzanfänge groß/kann Aussage- und Fragesätze erkennen				4/6	
	3	… kennt lange und kurze Selbstlaute				12	
	4	… kann zwei Mitlaute nach kurzem Selbstlaut erkennen				8	
Test 3 Seite 9	5/6	… kennt Adjektive				5/6	
	7	… kann Wörter mit d/t am Ende richtig schreiben				6	
	8	… kann Wörter mit b/p und g/k am Ende richtig schreiben				4	
	9	… kennt Merkwörter mit V/v				8	
		Punkte Test 3				59	
Test 4 Seite 10	1	… kann den bestimmten und unbestimmten Artikel anwenden				4	
	2	… erkennt den Wortstamm				5	
	3	… kennt Wortfamilien				6	
	4	… kennt Merkwörter mit stummem h				4	
	5	… kennt Wörter mit ie				6	
Test 4 Seite 11	6	… erkennt die Grund- und Personalformen von Verben				7	
	7	… kennt Wortfelder				8	
	8	… wendet die Regel für doppelte Mitlaute an				12	
	9	… kennt Wörter mit ß				8	
		Punkte Test 4				60	
Test 5 Seite 12	1	… erkennt verschiedene Satzarten/kann Satzzeichen einsetzen				7	
	2	… kann Ä/ä und Äu/äu ableiten				3	
	3	… kennt Wörter mit ck				6	
	4	… kennt Wörter mit tz				4	
	5	… erkennt, dass Adjektive sich verändern				6	
Test 5 Seite 13	6	… kennt die Wortarten (Nomen, Verben, Adjektive)				7	
	7	… erkennt vorangestellte Wortbausteine				10	
	8	… kann Wörter mit ch unterscheiden (gesprochen wie „Milch" oder „Buch"				8	
	9	… kennt Merkwörter mit aa, ee, oo				4	
		Punkte Test 5				55	
		Gesamtpunktzahl				222	

Inhalt

Deutsch mit Olli 2 Testheft

Redaktion:	Julia Kluge, Anna Koltermann
Illustration:	Christian Bartz, Petra Eimer (alle Papageien), Axel Nicolai (S. 6 Fisch, Insel, Papagei, S. 8 Schal, Hund, Kiste, S. 9 Vampir, Vierzig), Manuela Ostadal (Test 1)
Umschlaggestaltung:	Corinna Babylon und Jule Kienecker, Berlin
Umschlagillustration:	Petra Eimer
Layout und technische Umsetzung:	Cornelia Gründer, Corngreen GmbH, Leipzig

220050812

www.cornelsen.de

1. Auflage, 1. Druck 2022

Alle Drucke dieser Auflage sind inhaltlich unverändert
und können im Unterricht nebeneinander verwendet werden.

© 2022 Cornelsen Verlag GmbH, Berlin

Druck: Athesiadruck GmbH

Dieses Heft ist Bestandteil der Arbeitshefte Olli 2 Sprachbuch Leicht/Basis
(ISBN 978-3-06-084818-8) sowie Olli 2 Sprachbuch Basis/Plus (ISBN 978-3-06-084819-5) und ist nicht einzeln bestellbar. Es kann im 10er-Pack nachbestellt werden (ISBN 978-3-464-80534-3).

PEFC zertifiziert
Dieses Produkt stammt aus nachhaltig bewirtschafteten Wäldern und kontrollierten Quellen.
www.pefc.de

PEFC/18-31-166

Deutsch mit Olli

2

Sprachbuch

Arbeitsheft
LEICHT | BASIS

erarbeitet von
Christine M. Kaiser
Lisa Wegerle

illustriert von
Axel Nicolai
Petra Eimer
Christian Bartz

Cornelsen

Inhalt

Ich bin Olli und begleite dich durch dein Arbeitsheft!

Unsere Strategien

◡ Wörter in Silben gliedern

Ⓐ Wörter großschreiben

Ⓐ Wörter ableiten

⟳ Wörter verlängern

Ⓜ Merkwörter

Nomen kennenlernen Aa

1 Lies den Kasten.

> **Nomen** sind Namen für Menschen, Tiere, Dinge und Pflanzen.
> Nomen schreibe ich **groß**.
> **K**ind, **P**apagei, **B**lume, **F**enster

2 Schreibe die Nomen.

Heft	~~Junge~~	Lehrerin	Blume
Stuhl	Fisch	Kaktus	Schnecke

Junge

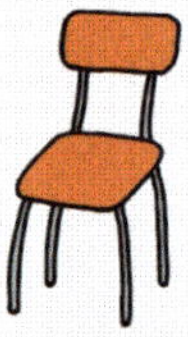

3 Markiere in den Nomen aus **2** den großen Anfangsbuchstaben.

Junge

Nomen kennenlernen (Aa)

Überlege genau!

1 Schreibe die Nomen in die Tabelle.
Markiere den großen Anfangsbuchstaben.

Hase	Lehrerin	Fenster	Blume	Vogel	Baum
Onkel	Rose	Stuhl	Maus	Freundin	Schere

Menschen

Lehrerin

Dinge

Tiere

Pflanzen

2 Finde in jedem Rahmen das Nomen. Schreibe die Nomen in die Tabelle in **1**.
Markiere den großen Anfangsbuchstaben.

WGIKSCHLANGEPRMUG	KWEFGSFREUNDYQFHE
OZTYTANNEVLIFHWXAB	HLIBSKRPKREIDEQRUW

Den bestimmten Artikel kennenlernen

1 Lies den Kasten.

Vor Nomen kann ich einen **Artikel** (Begleiter) schreiben.
Bestimmte Artikel sind der, die und das.
• **der** Stein, • **die** Schere, • **das** Papier

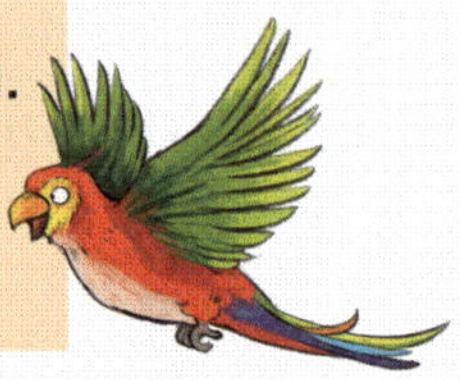

2 Schreibe die Nomen mit Artikel auf.

• ~~die Tasse~~	• der Teller	• die Kanne	• die Marmelade	• das Ei
• der Apfel	• das Müsli	• der Käse	• das Brot	• die Gabel

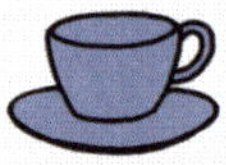

 die Tasse

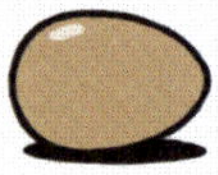

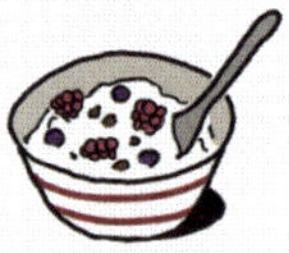

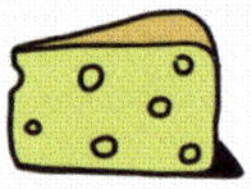

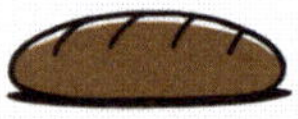

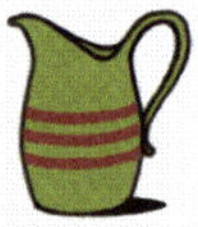

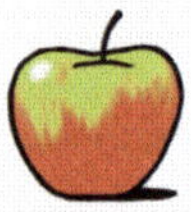

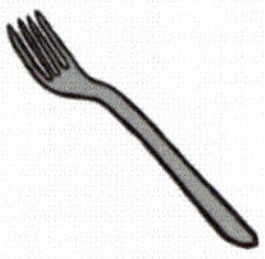

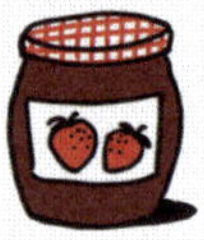

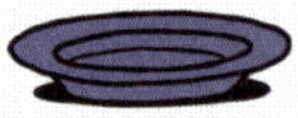

3 Markiere in **2** die Artikel in den passenden Farben.

 die Tasse

Sprachbuch Seite 17

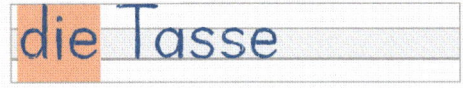

Den bestimmten Artikel kennenlernen

1 Schreibe alle Nomen mit Artikel auf: der, die oder das.

Brot	Apfel	Tasse	Löffel
Marmelade	Käse	Ei	Teller
Messer	Kanne	Müsli	Gabel

das Brot,

2 Schreibe der, die oder das in die Lücken.

Heute frühstückt *die* Klasse 2b zusammen.

Zuerst wird _____ Tisch von den Kindern gedeckt.

Dann beginnt _____ Frühstück. Ela schmeckt _____ Milch sehr gut.

Sami schneidet _____ Tomate. Dann legt er die Scheiben

auf _____ Brötchen. Schnell ist _____ Brotkorb leer. Alle sind satt.

• Tisch • Klasse • Brötchen • Brotkorb • Milch • Frühstück • Tomate

Einzahl und Mehrzahl

1 Lies den Kasten.

Nomen können in der **Einzahl** und in der **Mehrzahl** stehen.
Der bestimmte Artikel in der Mehrzahl ist **die**.
• der Stift – **die** Stifte, • die Farbe – **die** Farben, • das Haus – **die** Häuser

2 Verbinde Einzahl und Mehrzahl.

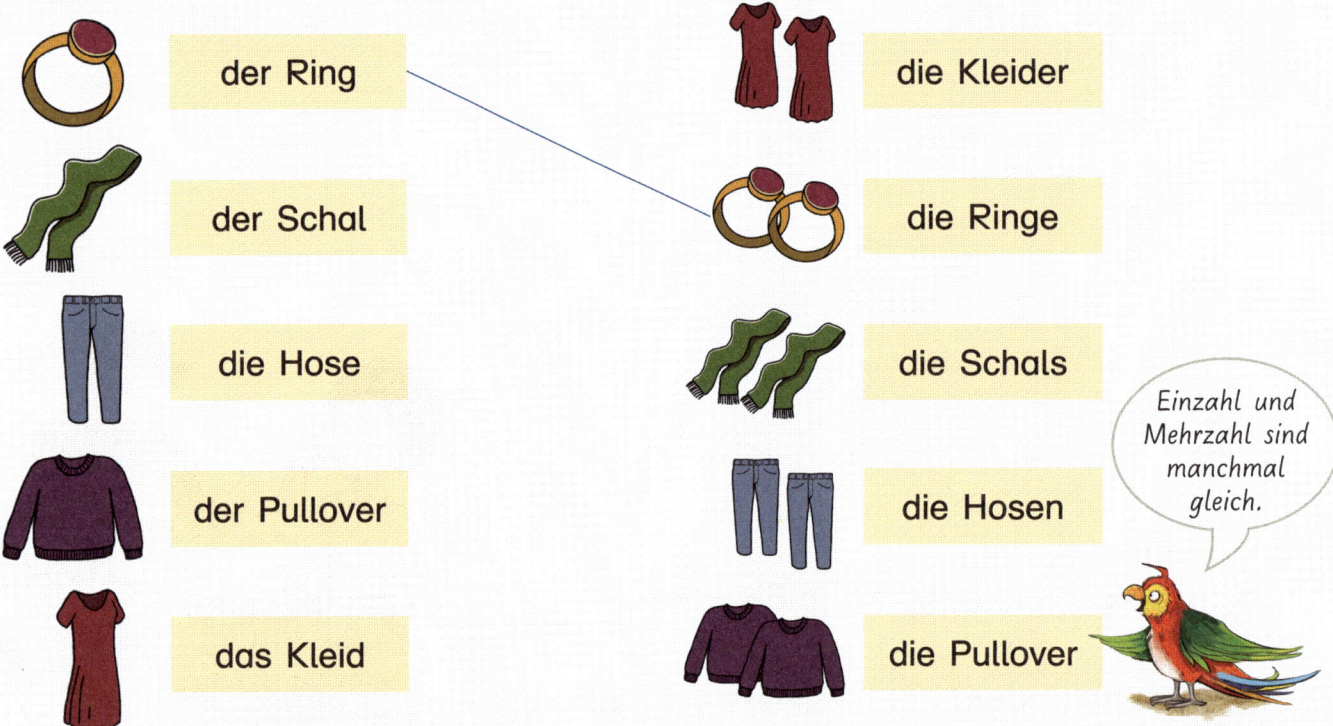

der Ring	die Kleider
der Schal	die Ringe
die Hose	die Schals
der Pullover	die Hosen
das Kleid	die Pullover

Einzahl und Mehrzahl sind manchmal gleich.

3 Schreibe die Wörter in der Mehrzahl auf.

die Ketten	die Babys	die Schuhe	die Blätter

Einzahl und Mehrzahl

1 Markiere die Nomen in der Einzahl gelb und in der Mehrzahl grün.

Mützen	Tier	Jacken	Baum
Schnecke	Hosen	Blume	Kleider
Katze	Schuhe	Blatt	Schals

2 Schreibe die grünen Nomen aus **1** mit Artikel in die Tabelle.
Ergänze die Einzahl.

Mehrzahl	Einzahl
die Mützen	die Mütze

3 Schreibe die gelben Nomen aus **1** in der Mehrzahl mit Artikel auf.

die Tiere,

Wörter in Silben gliedern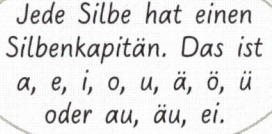

1 Lies den Kasten.

Jede Silbe hat einen Silbenkapitän. Das ist a, e, i, o, u, ä, ö, ü oder au, äu, ei.

> Ich spreche das Wort Silbe für Silbe.
> Kapitän, Bausteine, schwimmen

2 Schreibe die Silbenkapitäne von Olli ab.

a,

3 Zeichne Silbenbögen.

Kiste

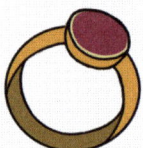

Ring

Stift

Puppe

Schatz

Bilderbuch

4 Markiere die Silbenkapitäne.

Insel

Fisch

Segelschiff

Papagei

Wörter in Silben gliedern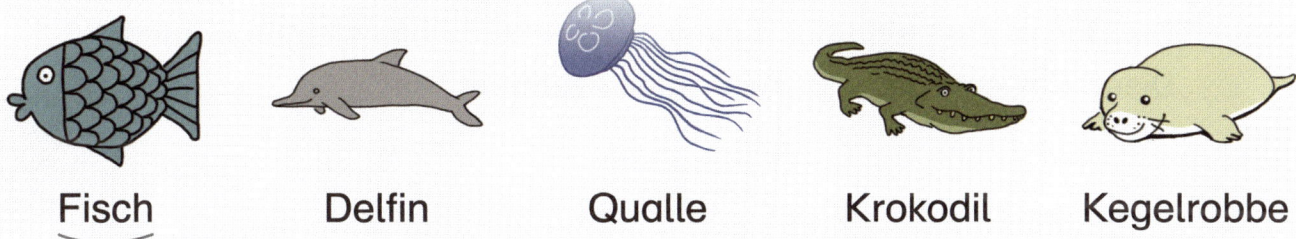

1 Sprich und schwinge die Wörter. Zeichne Silbenbögen.

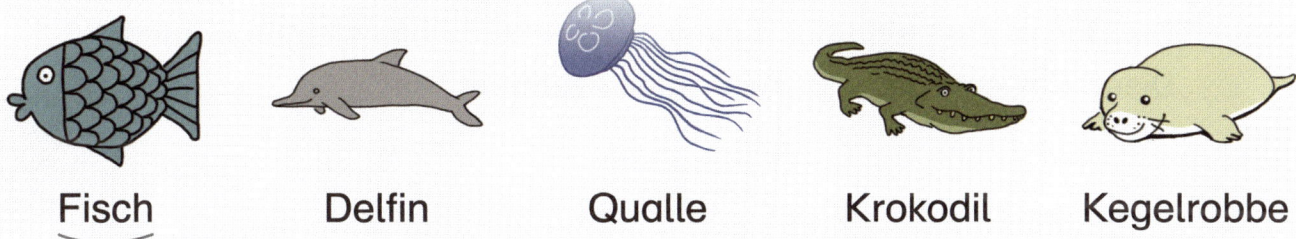

Fisch   Delfin   Qualle   Krokodil   Kegelrobbe

2 Schreibe die Wörter aus ❶ passend zu den Silbenkapitänen.

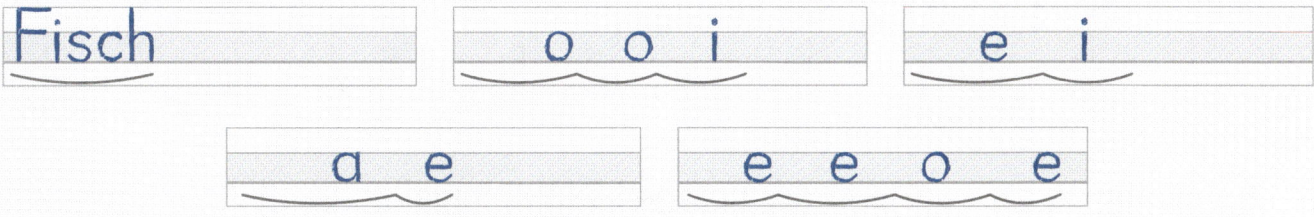

Fisch   o o i   e i

a e   e e o e

3 Schreibe die Wörter auf. Zeichne Silbenbögen.

M

4 Schreibe zu jedem Wort ein Reimwort. Zeichne Silbenbögen.

Wurm   Pinsel   Meise   Kegel

A
B
C
D
E
F
G
H
I
J
K
L
M
N
O
P
Q
R
S
T
U
V
W
X
Y
Z

Das ABC

1 Lies den Kasten.

Die Buchstaben sind nach einer bestimmten Reihenfolge geordnet.
Diese Reihenfolge heißt **ABC** oder **Alphabet**.

2 Schreibe das ABC auf.

A	B	C										

3 Verbinde die Punkte in der richtigen Reihenfolge.

Das ABC

1 Was gehört zusammen? Verbinde passend.

Der Olli-Rap

A B C D E	Bei Sonne, Sturm und Schnee,
F G H I J	Olli mag das Haus am See.
K L M N O	Er fliegt so gerne flott.
P Q R S T	saust er wie ein Düsenjet.
U V W X Y Z	Sein Ziel liegt irgendwo.

2 Trage die fehlenden Buchstaben ein.

    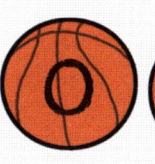  

☐ B C D   J K L ☐ N O P   W X ☐ Z

E F ☐ H I   ☐ R S ☐ U V ☐

3 Verbinde jeden Ball mit dem richtigen Korb.

L S B G W O E U N

A–J   K–P   Q–Z

Verben kennenlernen

1 Lies den Kasten.

> **Verben** sagen, was Menschen, Tiere, Pflanzen oder Dinge tun.
> Verben schreibe ich **klein**: sammeln, basteln, suchen

2 Verbinde die Wörter mit dem passenden Bild.

| spielen | essen | trinken | schneiden | sammeln | suchen |

3 Schreibe die Wörter passend unter die Bilder.

| malen | lesen | basteln | fegen | schreiben | lachen |

malen

_____

_____

_____

_____

_____

Verben kennenlernen

Alle Verben sind waagerecht → versteckt.

1 Was können Kinder tun? Markiere acht Verben. Schreibe sie auf.

spielen

Ä	H	F	I	D	W	I	B	C	S	U	O	P
Q	O	P	R	E	S	P	I	E	L	E	N	Z
S	C	H	R	E	I	B	E	N	Z	H	O	R
P	T	I	P	P	Ü	D	R	C	G	S	W	E
F	I	Ö	S	L	A	C	H	E	N	E	Z	M
S	B	A	S	T	E	L	N	S	F	X	K	D
A	N	M	L	D	Y	C	U	P	U	D	A	F
I	A	X	V	F	I	N	D	E	N	Y	F	L
C	Y	H	O	W	S	K	H	N	K	A	I	E
Y	S	C	H	N	E	I	D	E	N	X	W	K
O	S	E	X	W	K	P	U	L	E	S	E	N
W	S	X	S	A	M	M	E	L	N	P	T	N
P	U	T	V	E	S	J	B	C	S	Y	X	L

2 Was können Tiere tun? Finde acht Verben. Schreibe die Verben passend in die Lücken.

blühen	schleichen	stechen	hoppeln	wiehern	fahren
fliegen	quaken	schreiben	bellen	muhen	basteln

Katzen   schleichen

Vögel

Pferde

Mücken

Kühe

Hunde

Kaninchen

Frösche

Selbstlaute und Mitlaute kennenlernen ☺

1 Lies den Kasten.

A, Be, Ce, De, E …

Selbst klingende Buchstaben nenne ich **Selbstlaute**:
A/a, E/e, I/i, O/o, U/u.
Alle anderen Buchstaben heißen **Mitlaute**: B/b, C/c, …

2 Schreibe die Selbstlaute in die Kreise.

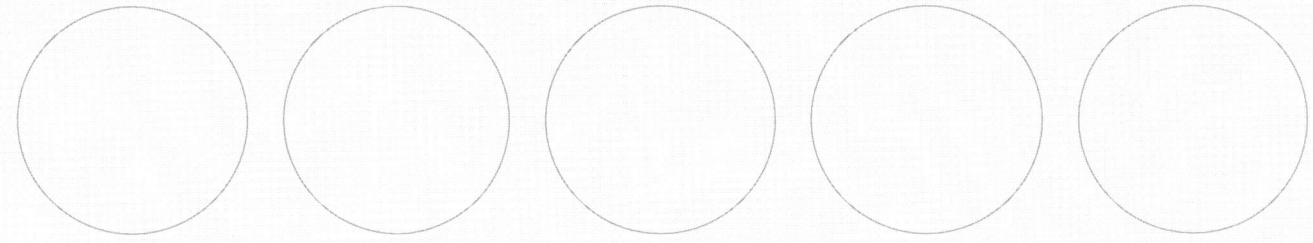

3 Markiere alle Mitlaute.

A	B	C	D	E	F	G
H	I	J	K	L	M	N
O	P	Q	R	S	T	U
V	W	X	Y	Z		

4 Schreibe die Mitlaute ab.

B,

Selbstlaute und Mitlaute kennenlernen ☺

1 Finde alle Wörter, die mit einem Selbstlaut beginnen.
Markiere den Selbstlaut. Schreibe die Wörter auf.

Selbstlaute klingen selbst.

Apfel	Blume	Ameise	Kalender	Ente
Armband	Müll	Onkel	Uhr	Flasche	Erde
Insel	Opa	Tonne	Igel	Blume	Internet
Ufer	Wasser	Obst	Tasche	Unfall	Elefant

A   Apfel,

E

I

O

U

2 Tausche den markierten Selbstlaut aus. Schreibe das neue Wort auf und
markiere den Selbstlaut.

Gold   Geld

Tasche

Hund

2

A
B
C
D
E
F
G
H
I
J
K
L
M
N
O
P
Q
R
S
T
U
V
W
X
Y
Z

Nach dem 1. und 2. Buchstaben ordnen

1 Lies den Kasten.

In der Wörterliste und in den Klassenlisten sind die Wörter und Namen nach dem ABC geordnet.

> Wörter werden nach dem **Alphabet** geordnet: **A**mpel, **E**rde, **K**äfer.
> Wörter mit den gleichen Anfangsbuchstaben ordne ich nach dem zweiten Buchstaben: **Am**pel, **Ap**fel, **As**t.

2 Markiere den 1. Anfangsbuchstaben.

a)

<u>A</u>nna   Sami

b)

Mila   Naomi

3 Ordne die Kinder aus **2** nach dem ABC.

a)

b)

4 Markiere den 2. Buchstaben.

a)

Emil   Ela

b)

Olli   Oma

5 Ordne die Namen aus **4** nach dem ABC.

a)

b)

Nach dem 1. und 2. Buchstaben ordnen

1 Markiere den ersten Buchstaben in den Namen der Kinder.
Ordne die Namen nach dem ABC.

Anne,

2 Markiere den zweiten Buchstaben in den Namen der Kinder.
Ordne die Namen nach dem ABC.

Leni	Lore	Lara
Silas	Samu	Sven
Mila	Maja	Mona
Emil	Elias	Enno

Lara,

3 Finde die Wörter in der Wörterliste des Sprachbuchs. Welches Wort steht davor?
Schreibe das Wort auf.

	– Telefon		– essen
	– klein		– Zoo
	– Nase		– bringen

Zwielaute ⌣

1 Lies den Kasten.

> Zwielaute kenne ich als Silbenkapitäne.

Au/au, **Ei/ei** und **Eu/eu** heißen Zwielaute, weil sie aus zwei Lauten bestehen.
die P**au**se, der **Ei**mer, h**eu**te

2 Schreibe die Zwielaute in die Kapitänsmützen.

3 Markiere die Zwielaute.

 der Maulwurf  die Maus  die Beule  die Leiter

 das Feuer  die Eule 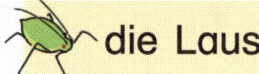 das Seil die Laus

4 Verbinde.

der Baum		teuer
der Euro	Au, au	der Pfeil
drei	Ei, ei	die Keule
blau	Eu, eu	der Eimer
das Auge		die Scheune

Zwielaute

1 Lies den Text.
Markiere die Zwielaute **au**, **ei** und **eu** in verschiedenen Farben.

Der kleine Maulwurf hat sein Reich unter der Erde.
Dort lebt er gerne allein ganz ohne Freunde.
Mit seinen Augen kann er kaum sehen. Er hat
ein weiches Fell. Es ist meist grau oder braun.
Wenn seine Schnauze mal aus der Erde schaut,
muss er aufpassen. Denn er hat einige Feinde.

2 Ordne die Wörter aus dem Text nach ihrem Zwielaut.
Markiere die Zwielaute in verschiedenen Farben.

au Maulwurf,

ei kleine,

eu

3 Schreibe die Wörter richtig auf.
Zeichne Silbenbögen. Markiere die Zwielaute.

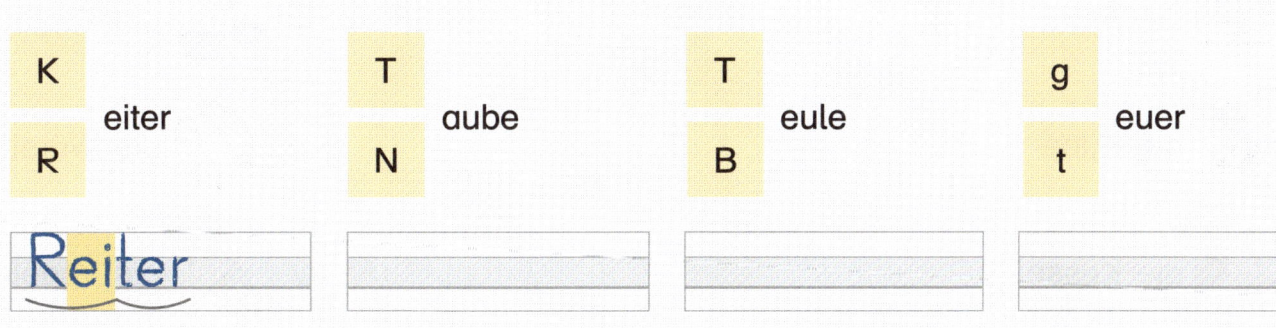

K		T		T		g	
R	eiter	N	aube	B	eule	t	euer

Reiter

Umlaute

1 Lies den Kasten.

> **Ä/ä**, **Ö/ö** und **Ü/ü** heißen Umlaute.
> das **Ö**l, h**ü**pfen, die **Ä**pfel

Umlaute kenne ich auch als Silbenkapitäne.

2 Schreibe die Umlaute in die Kapitänsmützen.

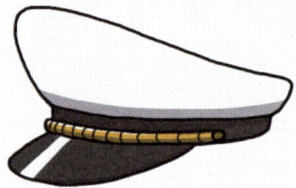 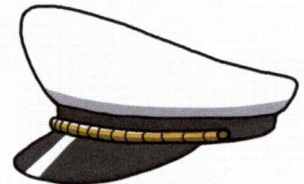 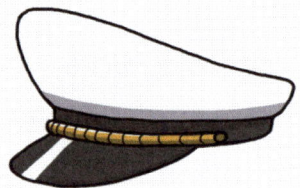

3 Markiere die Umlaute.

die T**ü**ten	das Brötchen	das Mädchen	die Büsche
der Käse	der Müll	die Gräser	die Müllsäcke

4 Verbinde.

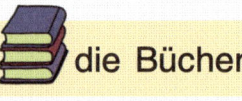 die Bücher

 die Äpfel

 die Kühe

 die Küsse

Ä, ä

Ö, ö

Ü, ü

 die Tücher

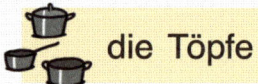 die Töpfe

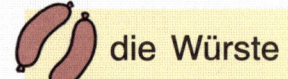 die Würste

 die Vögel

Umlaute

1 Markiere alle Wörter mit Umlauten: **ä, ö** und **ü.**
Schreibe die Wörter in die Tabelle. Zeichne Silbenbögen.

~~Käse~~	Müll	Boot	zwölf
Mädchen	Vögel	Gräser	Dose	Tüte
Pizza	Tür	Junge	Öl	Wand
Säcke	Brötchen	schnell	fünf

ä Käse,

ö

ü

2 Schreibe die Umlaute **ä, ö** oder **ü** passend in die Lücken.

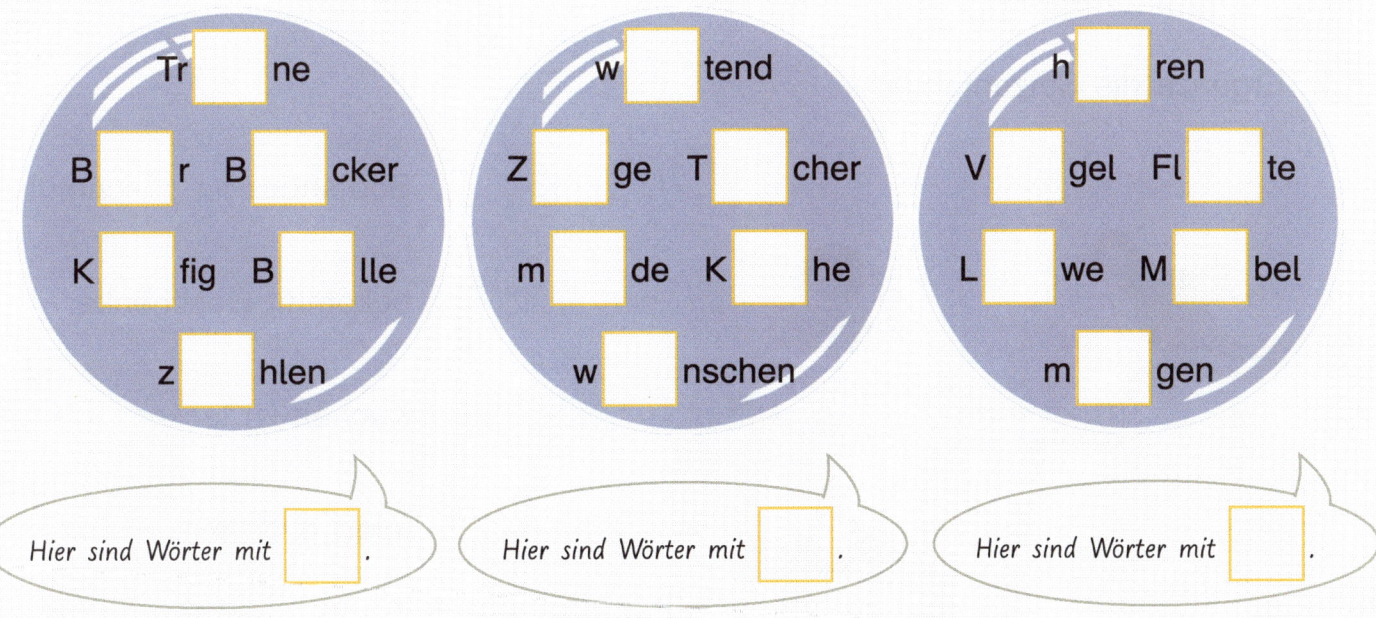

Tr☐ne
B☐r B☐cker
K☐fig B☐lle
z☐hlen

w☐tend
Z☐ge T☐cher
m☐de K☐he
w☐nschen

h☐ren
V☐gel Fl☐te
L☐we M☐bel
m☐gen

Hier sind Wörter mit ☐ .
Hier sind Wörter mit ☐ .
Hier sind Wörter mit ☐ .

Satzanfänge großschreiben

1 Lies den Kasten.

> Den **Satzanfang** schreibe ich **groß**.
> Am Ende eines **Aussagesatzes** setze ich einen **Punkt**.
> **D**ie Kinder planen Milos Geburtstag**.**

2 Verbinde.

Milo hat	einen Kuchen.
Sein Papa backt	Geburtstag.
Milo wird	im Bootshaus.
Er feiert	acht Jahre alt.
Alle seine Freunde	sind da.

3 Markiere in **2** den Satzanfang und den Punkt am Ende.

4 Ergänze die Satzanfänge.

- Das   Bootshaus ist geschmückt.

      bekommt Geschenke.

- Kuchen ist lecker.

      feiert auch mit.

- Kinder spielen Fangen.

Den Satzanfang schreibe ich groß.

Satzanfänge großschreiben Aa

1 Lies den Text. Markiere in jedem Satz
den Satzanfang und den Punkt am Satzende.

Heute feiert Milo seinen Geburtstag. Am Morgen
backt Milos Vater eine leckere Nusstorte. Jedes Kind
bastelt ein kleines Geschenk für das Geburtstagskind.
Naomi bastelt die Geburtstagskarte aus gelbem Papier.
Auf die Karte klebt sie einen grünen Drachen.

2 Bilde Sätze. Schreibe sie auf.
Markiere den Satzanfang und den Punkt am Satzende.

| kommen | Alle | ins Bootshaus. |

Alle kommen ins Bootshaus.

| den Tisch. | decken | Emil und Ela |

| isst | zwei Bonbons. | Naomi |

| auf Milo. | Die Kinder | warten |

3 Wie könnte die Geschichte weitergehen? Schreibe einen Satz.

3

Aussagesätze und Fragesätze

1 Lies den Kasten.

> Am Ende eines **Aussagesatzes** setze ich einen **Punkt**.
> Am Ende eines **Fragesatzes** setze ich ein **Fragezeichen**.
> **W**ie geht es dir**?**   **M**ir geht es gut**.**

2 Markiere den Satzanfang und das Fragezeichen am Satzende.

Wann hast du Geburtstag?

Wie alt wirst du?
Wo feierst du?
Wer ist eingeladen?

So sieht das Fragezeichen aus.

Spure es nach.

3 Verbinde die Fragen mit den passenden Antworten.

Wer ist dran? ——————————————— Dir gehört die gelbe Figur.

Wie weit darf ich gehen?   Milo ist dran.

Wann bin ich dran?   Du darfst zwei Felder vorgehen.

Warum mogelst du?   Du bist nach Milo dran.

Welche Figur gehört mir?   Ich habe nicht gemogelt.

4 Markiere in **3** alle Fragesätze blau und alle Aussagesätze rot.

Aussagesätze und Fragesätze

1 Verbinde die Fragen mit den passenden Antworten.
Ergänze das Zeichen am Satzende.

Wann feierst du deinen Geburtstag ☐	Bitte seid um 15 Uhr da ☐
Wo findet die Feier statt ☐	Ich habe die ganze Klasse eingeladen ☐
Wen hast du eingeladen ☐	Die Feier dauert bis 18 Uhr ☐
Wann sollen wir kommen ☐	Ich feiere meinen Geburtstag am nächsten Sonntag ☐
Wie lange dauert die Feier ☐	Die Feier findet im Bootshaus statt ☐

2 Beantworte die Fragen. Ergänze die fehlenden Satzzeichen.

Wie heißt du ?   Ich heiße _____ ☐

Wie alt bist du ☐   Ich bin _____ Jahre alt ☐

Wo wohnst du ☐   Ich wohne in _____ ☐

Wann bist du geboren ☐   Ich bin am _____ geboren ☐

Lange und kurze Selbstlaute

1 Lies den Kasten.

> **Selbstlaute** können **lang** oder **kurz** klingen:
> der Sch_a_l, der S_a_ft, s_e_hen, r_e_nnen

2 Sprich deutlich. Ordne ein.

| Berge – Besen | Schal – Saft | Mut – Mutter |

langer Selbstlaut –   kurzer Selbstlaut ·

3 Sprich deutlich. Entscheide und markiere: · oder –.

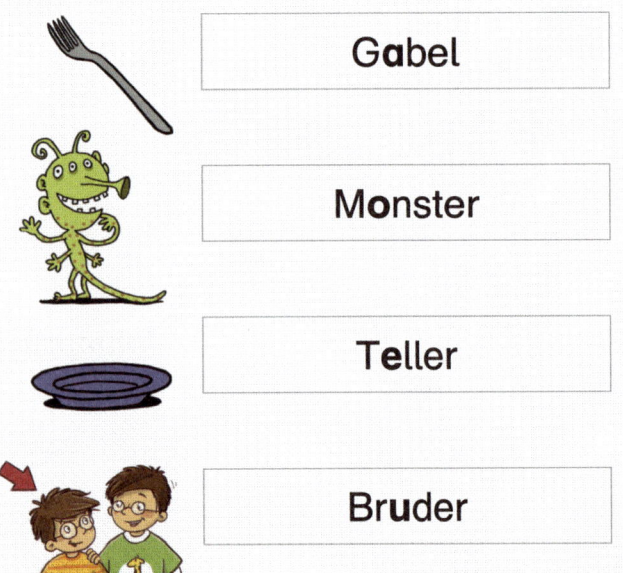

| Gabel |

| Garten |

| Monster |

| Monat |

| Teller |

| Besen |

| Bruder |

| Burg |

Lange und kurze Selbstlaute

1 Sprich die Wörter deutlich und markiere: · oder —.
Schreibe die Wörter geordnet auf.

e̱		e̤
geben	g**e̱**ben pr**e̤**ssen kl**e**ben m**e**ssen h**e**ben fr**e**ssen	pressen

a̱		a̤
	fr**a**gen h**a**lten f**a**lten j**a**gen	

o̱		o̤
	H**o**se S**o**nne D**o**se T**o**nne	

2 Finde zu jedem Wort ein Reimwort und schreibe es auf.
Markiere den ersten Selbstlaut: · oder —?

Mutter F**ṳ**tter   summen

suchen   Tuch

Zwei Mitlaute nach kurzem Selbstlaut

Nach einem **kurzen Selbstlaut** folgen mindestens zwei Mitlaute.
fịnden, Ẹnkel, nạchts

1 Markiere die kurzen Selbstlaute.

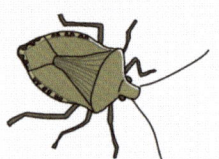

Wạnze

pflanzen

Elfen

h**e**lfen

Dr**a**chen

l**a**chen

Linden

finden

2 Markiere in **1** die beiden Mitlaute nach dem kurzen Selbstlaut.

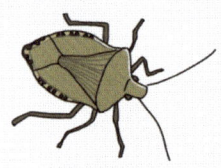

Wạ**nz**e

Zwei Mitlaute nach kurzem Selbstlaut

1 Immer drei Wörter reimen sich. Markiere sie mit der gleichen Farbe.

pflanzen	gerne	Schinken	gewinnen	lachen
winken	Wanzen	Sterne	Sachen	stinken
Rinnen	Ranzen	machen	Kerne	Spinnen

2 Schreibe die Reimwörter aus **1** auf.
Markiere den kurzen Selbstlaut und die Mitlaute danach.

pflanzen,

3 Finde die acht Wörter mit kurzem Selbstlaut. Schreibe sie auf.

Sprich dir die Wörter vor.

Kuh	Gift	kurz	Brot	Bild	Regen
kalt	grün	Wand	bunt	Schrank	Zug	Welt

Gift,

Wörter mit Ä/ä ableiten

1 Lies den Kasten.

> Ich schreibe ein Wort mit **Ä/ä**, wenn es dazu ein verwandtes
> Wort mit **A/a** gibt:
> die **Ä**ste ↯ der **A**st, die **Gä**rten ↯ der **Ga**rten, der **Jä**ger ↯ **ja**gen

2 Verbinde.

  die Gärten

die Zähne

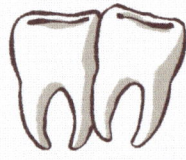 die Bälle

 die Äste

 die Hände

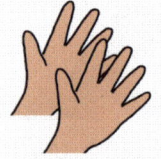 die Bänke

der Ball

 der Garten

 der Ast

 die Hand

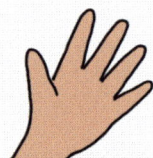 die Bank

 der Zahn

3 Markiere in **2** **Ä/ä** und **A/a**.

Wörter mit Ä/ä ableiten ⚡

1 Ergänze in der Tabelle die fehlenden Wörter. Markiere **A/a** und **Ä/ä**.

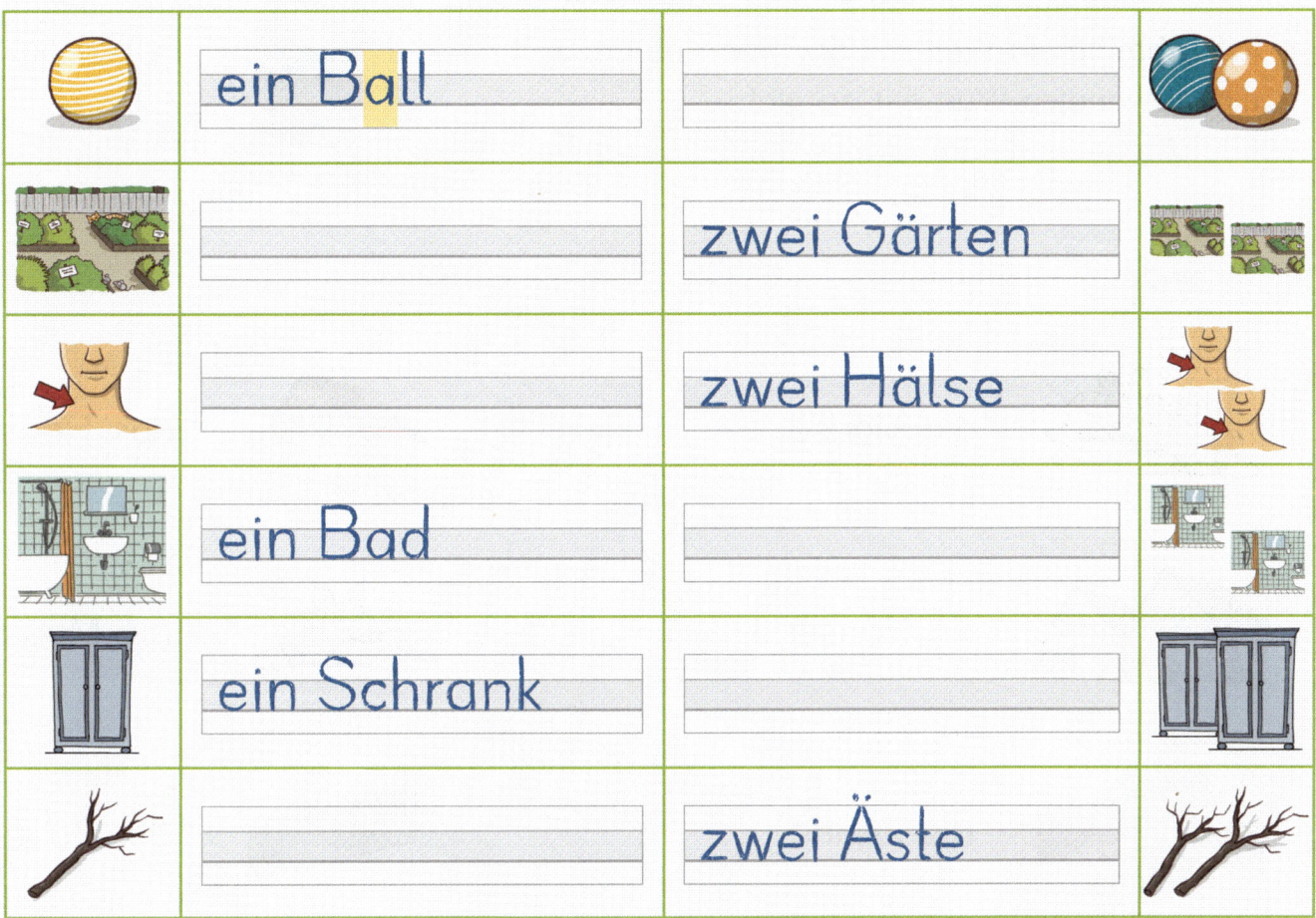

	ein Ball		
		zwei Gärten	
		zwei Hälse	
	ein Bad		
	ein Schrank		
		zwei Äste	

2 Unterstreiche in jedem Satz das Wort mit **Ä/ä**.
Finde zu jedem Wort mit **Ä/ä** das verwandte Wort mit **A/a**. Schreibe es auf.

Die Kutsche hat vier <u>Räder</u>. • das Rad

Im Herbst werden die Blätter gelb. •

Die Kinder essen rote Äpfel. •

Wir ziehen unsere Mäntel an. •

Im Winter sind die Nächte kalt. •

Wörter mit Äu/äu ableiten ⚡

1 Lies den Kasten.

Ich schreibe ein Wort mit **äu**, wenn es dazu
ein verwandtes Wort mit **au** gibt:
die B**äu**me ↳ der B**au**m, der K**äu**fer ↳ k**au**fen

2 Verbinde.

 die M**äu**se

 die M**au**s

 die Häuser

 das Haus

 die Zäune

 der Zaun

 die Fäuste

 das Kraut

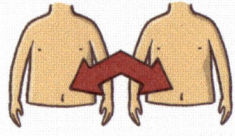 die Bäuche

 die Faust

 die Kräuter

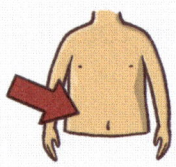 der Bauch

3 Markiere **äu** und **au** in Aufgabe **2**.

Wörter mit Äu/äu ableiten

1 Verbinde die verwandten Wörter.

träumen	das Haus
die Zäune	der Tausch
die Häuser	der Traum
täuschen	der Zaun

der Räuber	der Schaum
schäumen	der Baum
die Bäume	die Faust
die Fäuste	rauben

2 Trenne die Wörter in der Wörterschlange durch senkrechte Striche.

KRÄUTER|BÄUCHEMÄUSERÄUMESCHLÄUCHEBRÄUTELÄUSE

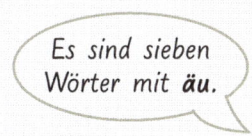

Es sind sieben Wörter mit **äu**.

3 Schreibe die Wörter mit **äu** aus der Wörterschlange auf.
Suche zu jedem Wort ein verwandtes Wort mit **au**. Markiere **au** und **äu**.

Kräuter – Kraut,

Adjektive kennenlernen

1 Lies den Kasten.

> **Adjektive** sagen, wie etwas ist:
> groß, weich, grün
> Mit Adjektiven kann ich genauer beschreiben.
> **Wie** sind die Federn? – Die Federn sind **weich**.

2 Welche Wörter passen zu Fiete? Verbinde.

rot   kurz   lang

braun   spitz

grün   rund

dick   weich

dünn   glatt

klein   groß   struppig

3 Beschreibe Fiete.

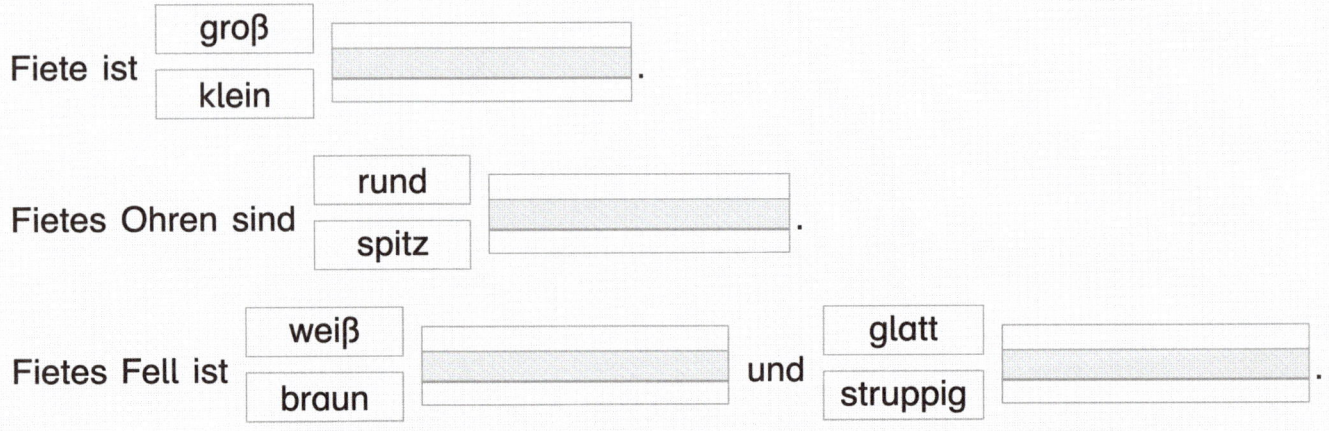

Fiete ist
| groß |
| klein |
.

Fietes Ohren sind
| rund |
| spitz |
.

Fietes Fell ist
| weiß |
| braun |
und
| glatt |
| struppig |
.

Adjektive kennenlernen

1 Schreibe zu jedem Bild das passende Adjektiv.

grün	bunt	krumm	lang	spitz	dick

grün

2 Beschreibe den Hahn genau.
Setze die Adjektive passend ein.

stolz	rot	klein
braun	spitz	grau

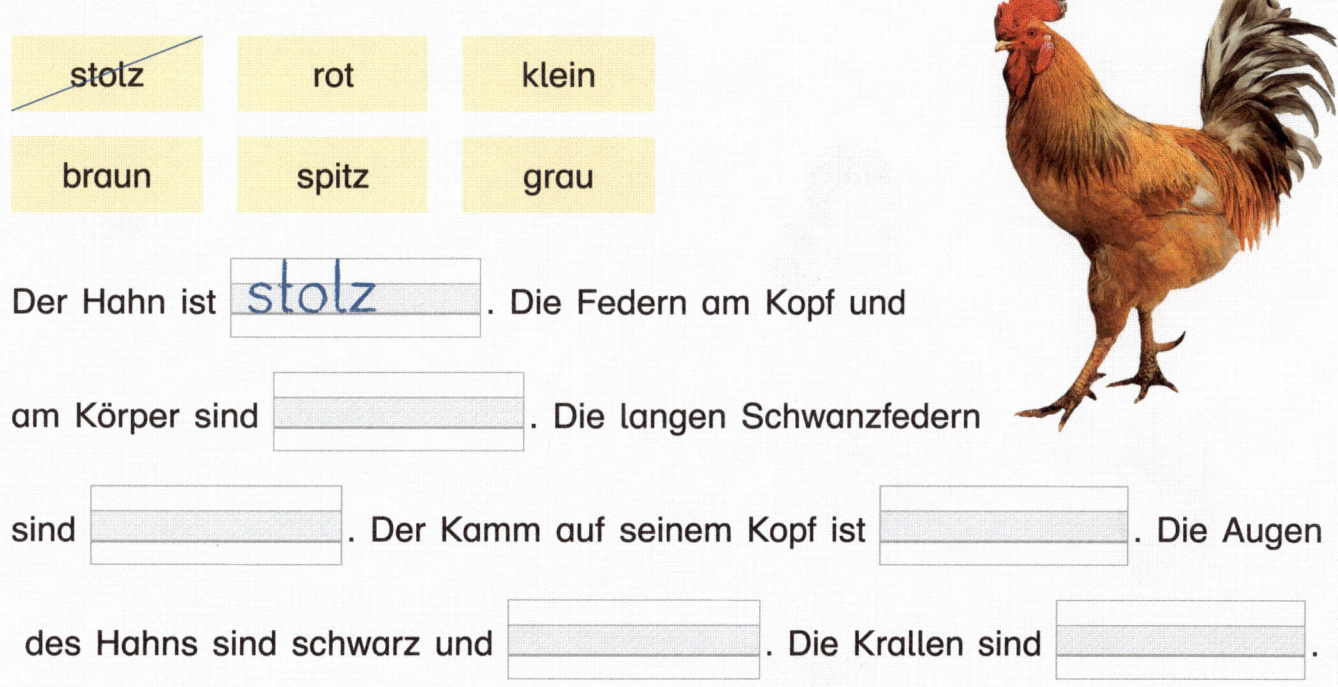

Der Hahn ist **stolz** . Die Federn am Kopf und

am Körper sind _____. Die langen Schwanzfedern

sind _____. Der Kamm auf seinem Kopf ist _____. Die Augen

des Hahns sind schwarz und _____. Die Krallen sind _____.

3 Male die Gegensätze in der gleichen Farbe an.

trocken	falsch	weich	hart	kurz	dünn
dick	nass	leer	lang	richtig	voll

Sprachen vergleichen

Russland   Spanien   Türkei   Deutschland   Irland   Frankreich

1 Woher kommen die Kinder? Verbinde.

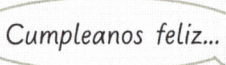 *Cumpleanos feliz...*

Türkei

Joyeux anniversaire...

Irland

Iky ki dogdun...

Spanien

Zum Geburtstag viel Glück...

Russland

Happy birthday to you...

Deutschland

С днем рождения тебя

Frankreich

Sprachen vergleichen

1 Was gehört zusammen? Verbinde.

İyi ki doğdun Jenny,
İyi ki doğdun Jenny,
İyi ki doğdun Jen-nyyyy,
Mutlu yıllar sana!

Joyeux anniversaire,
Joyeux anniversaire,
Joyeux anniversaire, chèr Timo.
Joyeux anniversaire.

С днем рождения тебя
С днем рождения тебя
С днем рождения тебя, Timo,
С днем рождения тебя

Happy birthday to you,
happy birthday to you,
happy birthday, dear Timo,
happy birthday to you!

Cumpleaños feliz,
cumpleaños feliz,
te deseamos todos, Jenny
cumpleaños feliz!

Zum Geburtstag viel Glück,
zum Geburtstag viel Glück,
zum Geburtstag, lieber Timo,
zum Geburtstag viel Glück!

 Spanien

 Deutschland

 Irland

 Russland

 Türkei

 Frankreich

Merkwörter mit V/v Ⓜ

Wörter mit **V/v** sind Merkwörter. Diese Wörter muss ich mir gut merken.
die Vase, vier, vergessen

V/v hört sich manchmal wie **f** und manchmal wie **w** an.

1 Verbinde.

Vase

Vater

Verkehr

Pullover

Vitamine

Villa

vergessen

V/v klingt wie **W/w**

V/v klingt wie **F/f**

Vogel

November

Klavier

Navi

vorne

Verpackung

vierzig

Merkwörter mit V/v Ⓜ

1 Klingen **V** oder **v** wie bei Vase ? Dann markiere sie. 🔍
Klingen **V** oder **v** wie bei Vogel? Dann markiere sie mit einer anderen Farbe.

Vulkan	Verkehr	viel	*Klavier*	*voll*
Verb	*Vater*	Advent	*Pulver*	vorne
vierzig	**Vitamine**	Verein		November

2 Schreibe die Wörter aus Aufgabe **1** auf.

Vulkan,

Verkehr,

3 Schreibe die Wörter passend in die Lücken.

verlesen	vorlesen	verlaufen	vorlaufen

Mila durfte heute aus einem Buch _____ .

Sie hat sich nur ein einziges Mal _____ .

Milo hat sich auf dem neuen Schulweg _____ .

Die anderen Kinder wollten schon _____ .

Wörter mit d/t am Ende verlängern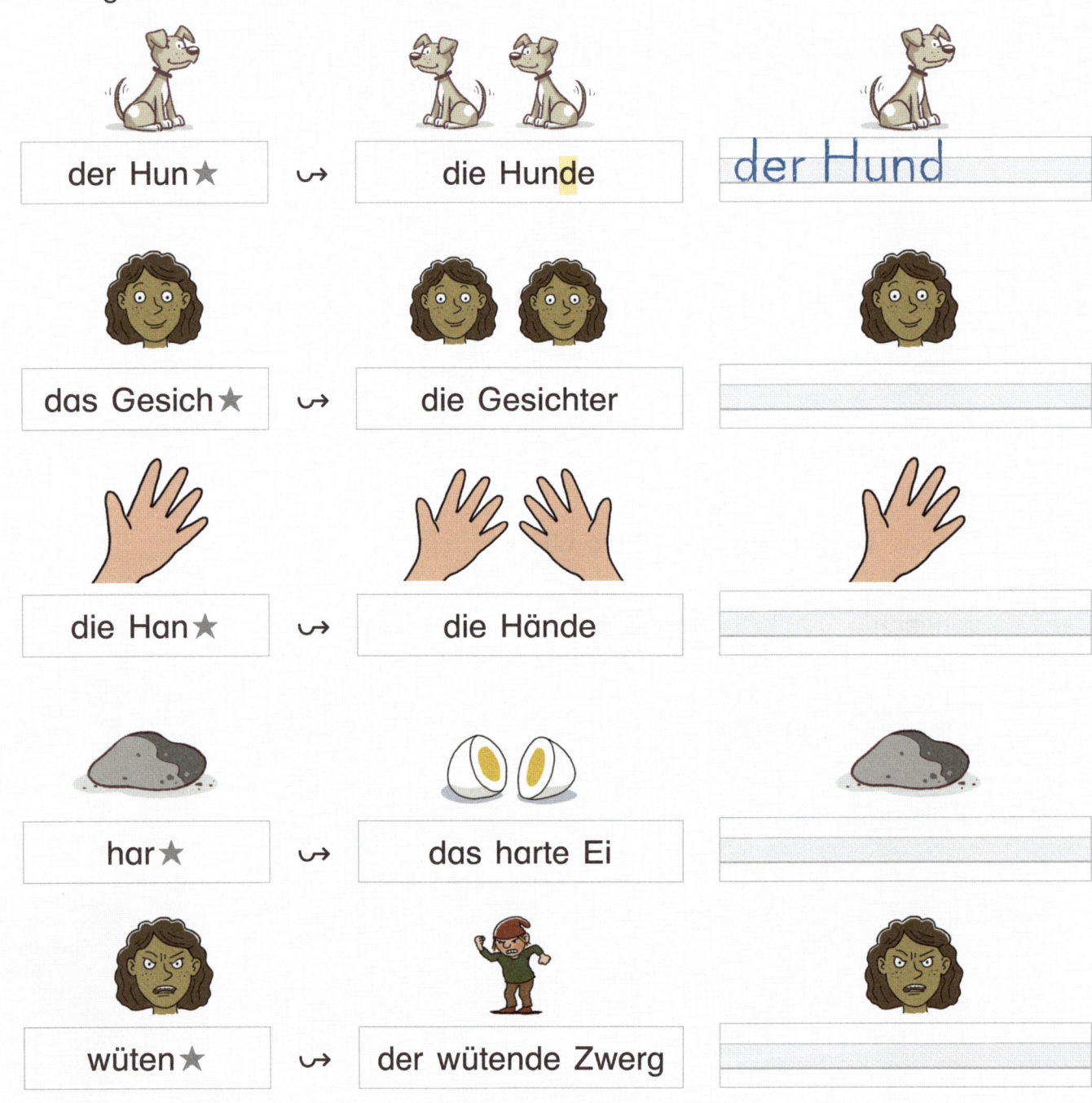

1 Lies den Kasten.

> Wenn ich am Ende eines Wortes **t** höre, muss ich prüfen, ob ich **d** oder **t** schreibe. Dazu verlängere ich das Wort.
> der Hund ↪ die Hunde, das Gesicht ↪ die Gesichter

2 Verlängere. Markiere **d** oder **t**. Schreibe.

der Hun★	↪	die Hunde	der Hund
das Gesich★	↪	die Gesichter	
die Han★	↪	die Hände	
har★	↪	das harte Ei	
wüten★	↪	der wütende Zwerg	

Wörter mit d/t am Ende verlängern ↪

1 Finde zu jedem Wort die Verlängerung.
Schreibe die Wortpaare auf. Markiere **d** und **t**.

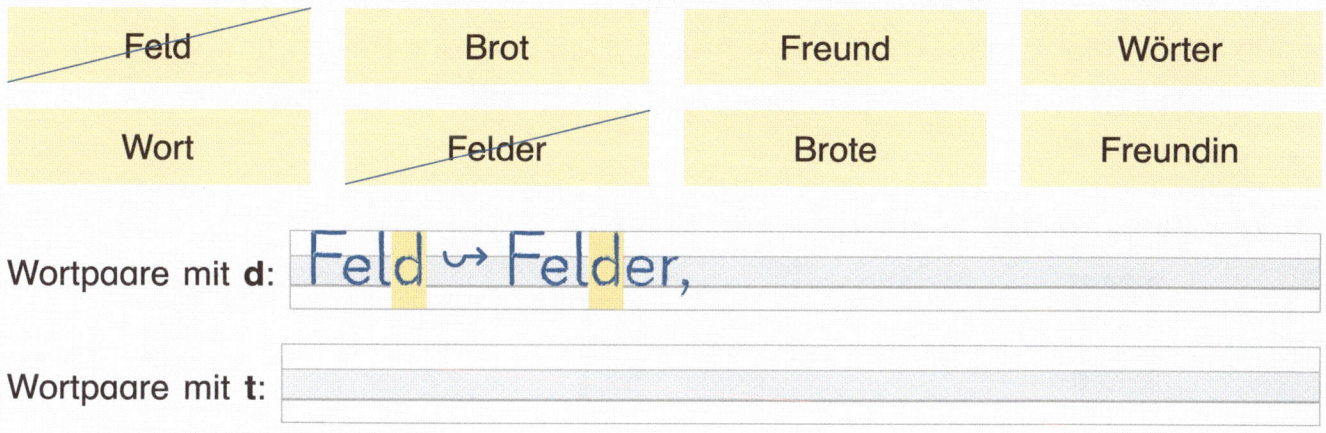

| Feld | Brot | Freund | Wörter |
| Wort | Felder | Brote | Freundin |

Wortpaare mit **d**: Feld ↪ Felder,

Wortpaare mit **t**:

2 Verlängere die Wörter. Ergänze **d** und **t**.

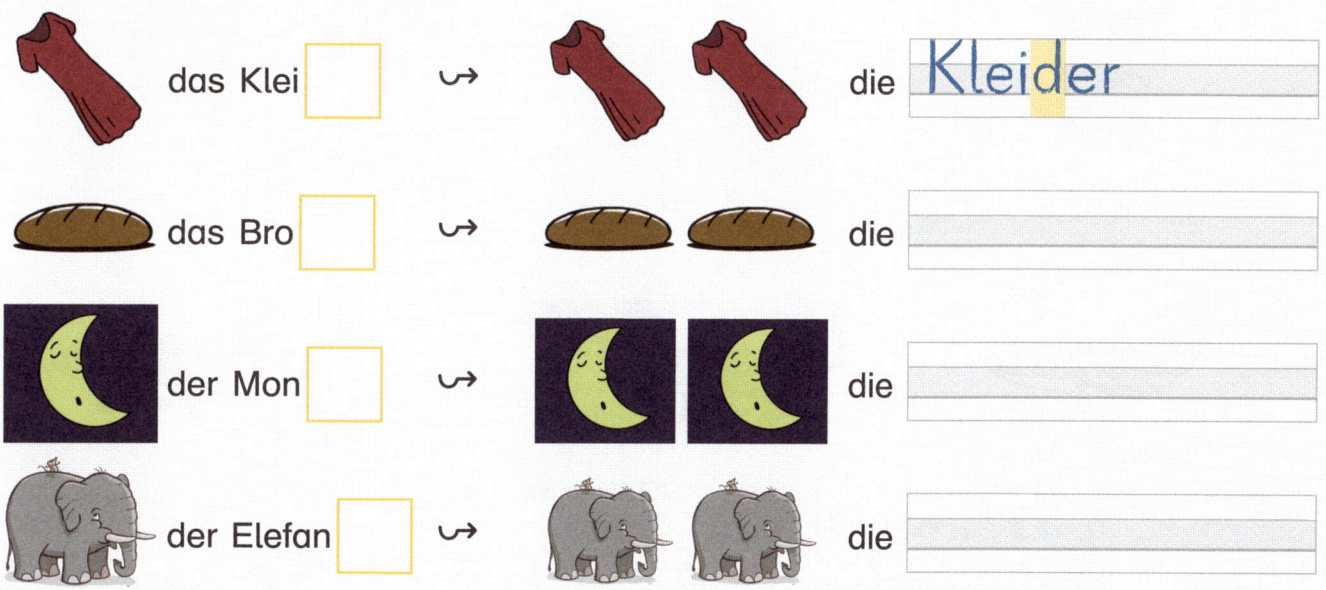

das Klei☐ ↪ die Kleider

das Bro☐ ↪ die

der Mon☐ ↪ die

der Elefan☐ ↪ die

3 Verlängere die Wörter. Schreibe sie in die Lücken. Markiere **d** und **t**.

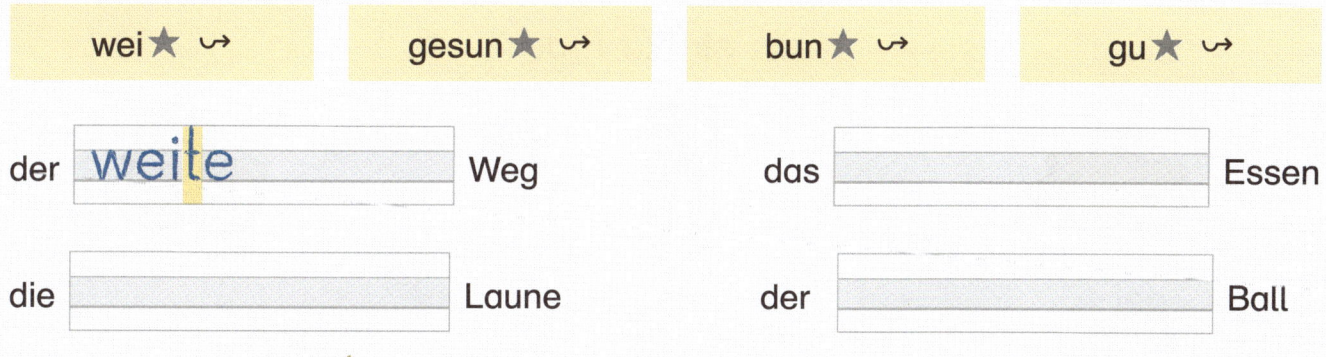

| wei★ ↪ | gesun★ ↪ | bun★ ↪ | gu★ ↪ |

der weite Weg   das _____ Essen

die _____ Laune   der _____ Ball

Wörter mit b/p, g/k am Ende verlängern ↻

1 Lies den Kasten.

> Wenn ich am Ende eines Wortes **p** oder **g** höre, musst ich prüfen,
> ob ich **b** oder **p** oder **g** oder **k** schreibe. Dazu verlängere ich das Wort.
> das Sieb ↪ viele Siebe, der Tag ↪ viele Tage, die Bank ↪ viele Bänke

2 Verlängere. Markiere **p/b** oder **g/k**. Schreibe.

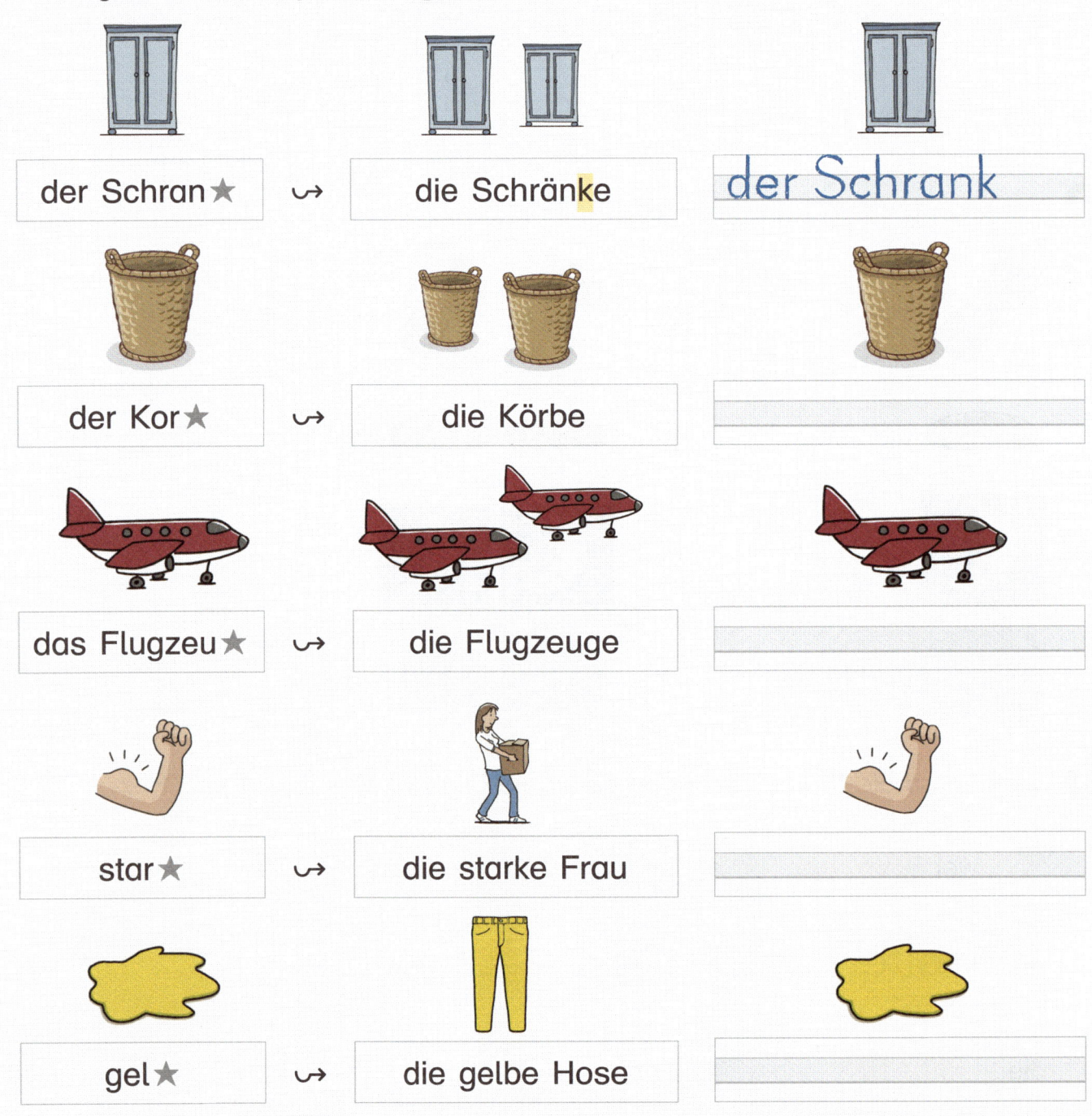

der Schran★ ↪	die Schränke	der Schrank
der Kor★ ↪	die Körbe	
das Flugzeu★ ↪	die Flugzeuge	
star★ ↪	die starke Frau	
gel★ ↪	die gelbe Hose	

Wörter mit b/p, g/k am Ende verlängern ↪

1 Schreibe zu jedem Wort die Verlängerung.
Ergänze **g** oder **k**.

die Bur ☐ ↪ die Burgen

der Schran ☐ ↪

der We ☐ ↪

das Geschen ☐ ↪

die Ban ☐ ↪

2 Verlängere die Wörter. Schreibe sie passend in die Lücken.
Schreibe die Adjektive dahinter. Markiere **b**, **g** oder **k**.

lie ★ ↪	vorsichti ★ ↪	hal ★ ↪	klu ★ ↪	gel ★ ↪	star ★ ↪

Das **liebe** Kind hilft der Großmutter. **lieb**

Der ☐ Ball kullert über die Straße. ☐

Der ☐ Fahrer bremst. ☐

Ein ☐ Ei liegt noch auf dem Teller. ☐

Piet hat heute ☐ Kopfschmerzen. ☐

Den unbestimmten Artikel kennenlernen

1 Lies den Kasten.

Vor Nomen kann ich einen Artikel (Begleiter) schreiben.
Unbestimmte Artikel sind **ein** und **eine**.
• der Stein – ein Stein, • die Schere – eine Schere, • das Papier – ein Papier

2 Schreibe die Wörter mit Artikel auf.

| Keks | Ei | Torte | Schokolade | Bonbon | Apfel |

	der Keks – ein Keks
	—

Den unbestimmten Artikel kennenlernen

1 Verbinde passend: der/ein, die/eine oder das/ein.

Keks	Quark	Müsli

Senf		Milch

Ei	der/ein	Bonbon

Haselnuss	die/eine	Kuchen

Gummibärchen	das/ein	Honig

Pizza		Torte

Schokolade	Salz

2 Was liegt in der Schüssel? Schreibe die Nomen
mit bestimmtem und unbestimmtem Artikel auf.

das Eis – ein Eis,

Zusammengesetzte Nomen Ⓐⓐ

1 Lies den Kasten.

> Nomen kann ich zusammensetzen.
> der Apfel + der Saft = der Apfelsaft, das Eis + der Tee = der Eistee

2 Verbinde.

der Handschuh

der Hausschuh

die Ritterburg

die Sandburg

3 Schreibe die zusammengesetzten Wörter auf.

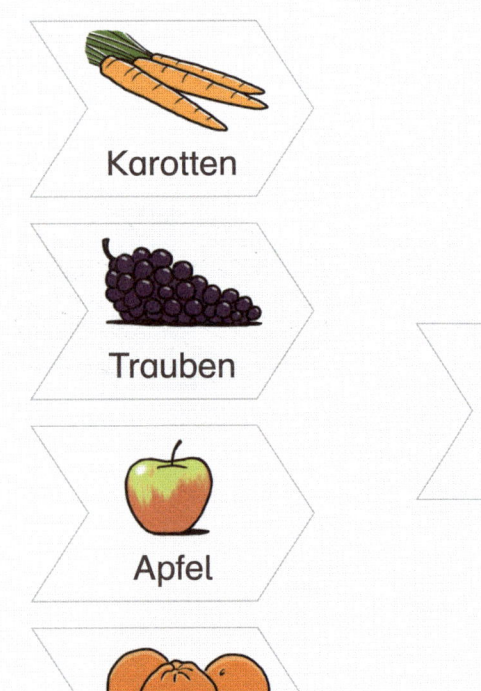

Karotten

Trauben

Saft

Apfel

Orangen

Karottensaft

Zusammengesetzte Nomen Aa

1 Aus zwei Nomen wird eins. Schreibe die zusammengesetzten Nomen auf.

Käse + Kuchen = Käsekuchen

Apfel + Baum =

Obst + Torte =

Kartoffel + Suppe =

Milch + Flasche =

Kopf + Salat =

2 Zerlege die zusammengesetzten Nomen.
Schreibe alle Nomen mit ihrem Artikel auf.

das Wurstbrot	der Apfelkuchen	der Obstkorb
der Kartoffelsalat	der Müsliriegel	die Brotdose	das Spiegelei

die Wurst – das

Den Wortstamm entdecken

1 Lies den Kasten.

> Jedes Wort hat einen **Wortstamm**.
> Wörter mit dem gleichen Wortstamm gehören zu einer **Wortfamilie**.
> Spiel/spiel: **spiel**en, **Spiel**feld, Tennis**spiel**er

2 Verbinde.

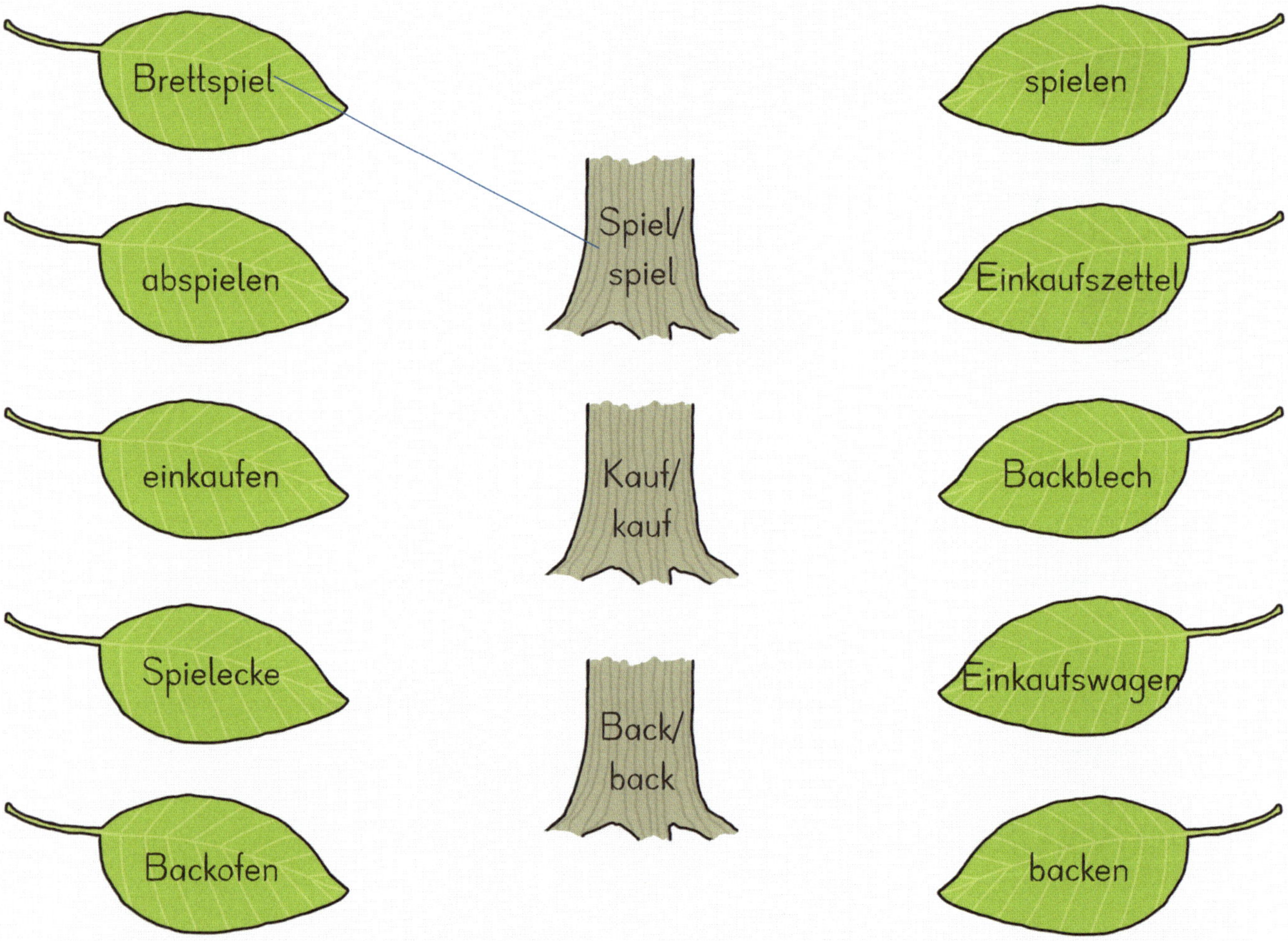

Brettspiel

abspielen

einkaufen

Spielecke

Backofen

Spiel/spiel

Kauf/kauf

Back/back

spielen

Einkaufszettel

Backblech

Einkaufswagen

backen

3 Markiere in **2** den Wortstamm.

Brettspiel

Den Wortstamm entdecken

1 Lies die Wörter.
Markiere den
Wortstamm
Koch/koch.

Kochbuch   kochen   Kochlöffel   einkochen
Eierkocher   Kochsalz   verkocht
Schnellkochtopf   überkochen   Chefkoch

2 Lies den Text. Unterstreiche alle Wörter mit dem Wortstamm **Pflanz/pflanz**.

Die Kinder wollen etwas anpflanzen, das sie essen können. Lena blättert
in einem Pflanzenbuch. Dann schlägt sie Kresse vor: „Das ist eine Pflanze,
die schnell wächst." Emir bringt Kressesamen mit. Milo schüttet Pflanzerde
in eine flache Pflanzschale. Er sät die Samen aus und drückt sie fest. Halten
die Kinder die Erde schön feucht, wird die pflanzliche Kost schnell keimen.

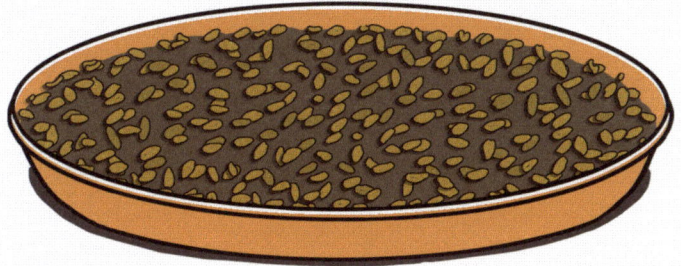

3 Schreibe die Wörter mit dem Wortstamm **pflanz** aus **2** auf. Markiere den
Wortstamm.

anpflanzen,

4 Finde noch mindestens drei weitere Wörter mit dem Wortstamm **Pflanz/pflanz**.
Ergänze sie in **3**.

Wortstamm und Wortfamilie

1 Lies den Kasten.

> Manchmal verändert sich der Wortstamm innerhalb einer Wortfamilie.
> **fahr**en — er **fähr**t, **flieg**en — das **Flug**zeug, sie **flog**

2 Verbinde die Wörter einer Wortfamilie.

fahren		lebendig
fliegen		sie fährt
leben		das Flugzeug
schreiben		das Pflänzchen
pflanzen		abschreiben
laufen		der Verkäufer
verkaufen		die Läuferin

3 Markiere in **2** in allen Wörtern den Wortstamm.

fahren

Ich kann besonders gut fliegen!

Wortstamm und Wortfamilie

1 Immer drei Wörter in einer Zeile gehören zu einer Wortfamilie.
Kreise sie immer mit derselben Farbe ein.

(Fahrzeug)   Andenken   vorbeifahren   Fähre

wegfliegen   Stubenfliege   ausdenken   Abflug

Gedanke   abbrechen   Einbruch   zerbrechlich

lesen   bedenken   Lesebuch   Vorlesung

2 Schreibe die Wörter aus **1** geordnet auf. Markiere den Wortstamm.

Fahrzeug,

3 Die übrig gebliebenen Wörter in **1** ergeben eine neue Wortfamilie. Schreibe die
Wörter auf. Markiere den Wortstamm.

4 Zu welcher Wortfamilie gehören die Wörter in **3**?

Die Wörter in **3** gehören zur Wortfamilie _____.

Merkwörter mit stummem h Ⓜ

1 Lies den Kasten.

> Wörter mit **stummem h** sind Merkwörter.
> Diese Wörter muss ich mir gut merken.
> Zahn, Uhr, Sohn, Mehl

2 Markiere das **stumme h**.

Jahr	Stühle	Zahl	Sohn
Mehl	Ohr	zehn	Uhr
Fahrrad	Zähne	Lehrerin	ohne
Wahl	mehr	früh	fehlen

3 Schreibe die Wörter auf.

 Mehl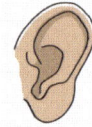

4 Markiere in **3** das **stumme h**.

 Mehl

Merkwörter mit stummem h Ⓜ

1 Verbinde die Wortpaare mit dem gleichen Wortstamm.
Markiere das **stumme h**.

früh	die Lehrerin	die Zahl	der Fehler
das Jahr	mehr	mehlig	zählen
lehren	der Frühling	fehlen	wählerisch
die Mehrheit	jährlich	die Wahl	das Mehl

2 Schreibe die Wortpaare aus **1** auf. Markiere das **stumme h**.

früh – der Frühling,

3 Schreibe die Wörter der Wortfamilie **fühlen** richtig auf. Markiere das **stumme h**.

das Gefü★l   fü★len   einfü★lsam   der Fü★ler   gefü★llos

das Gefühl,

Wörter mit ie

1 Lies den Kasten.

> Höre ich ein **langes i**, schreibe ich fast immer **ie**:
> das Sp**ie**l, l**ie**gen, v**ie**le

2 Verbinde passend mit dem Bild.

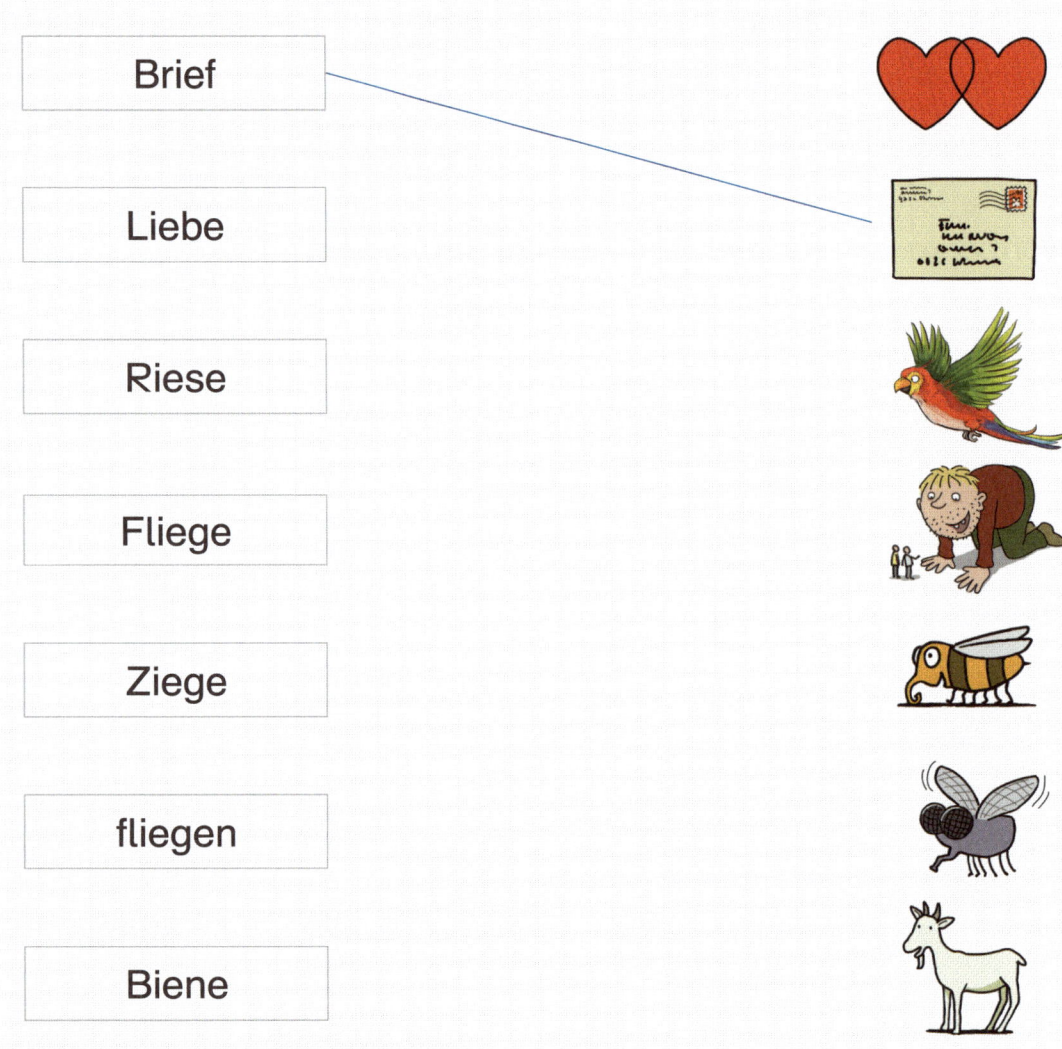

Brief	
Liebe	
Riese	
Fliege	
Ziege	
fliegen	
Biene	

3 Markiere in **2** ie.

Beispiel:

Wörter mit ie

1 Trenne die Wörter ab. Schreibe sie auf. Markiere das **ie**.

Spiel,

2 Schreibe zu jedem Bild das richtige Wort. Markiere das **ie**.

Spiegel	Fliege	Zwiebel	Papier

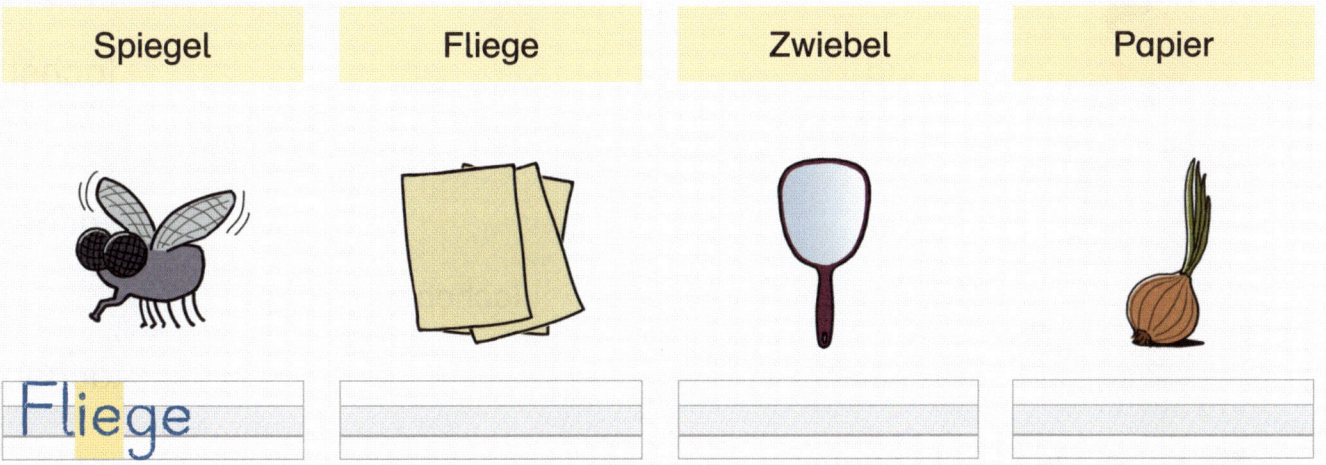

Fliege

3 Schreibe die Reimwörter auf. Markiere das **ie**.

Riese	Wiege	Diebe	Biene
Wiese	Z	L	Sch

liegen	schieben	spielen	mieten
w	l	z	b

Grundform und Personalformen von Verben

1 Lies die Kästen.

Verben verändern sich,
je nachdem, wer etwas tut.
Verben können in der
Grundform oder in einer
Personalform stehen.

	spielen — **Grundform**
ich	spiele
du	spielst
er/sie/es	spielt — **Personalformen**
wir	spielen
ihr	spielt
sie	spielen

2 Verbinde.

 ich		lachst
 du		lache
 er/sie/es	lachen	lachen
 wir		lacht
 ihr		lachen
 sie		lacht

3 Markiere in **2**, was sich verändert.

lach**e**

Grundform und Personalformen von Verben

1 Schreibe die Verben in allen Personalformen auf.
Markiere, was sich verändert.

	spielen	**lachen**	**gehen**
ich	spiele		
du			
er/sie/es			
wir			
ihr			
sie			

2 Setze die Personalformen passend ein.

~~singen~~   singt   hört   sagt   singt   hören

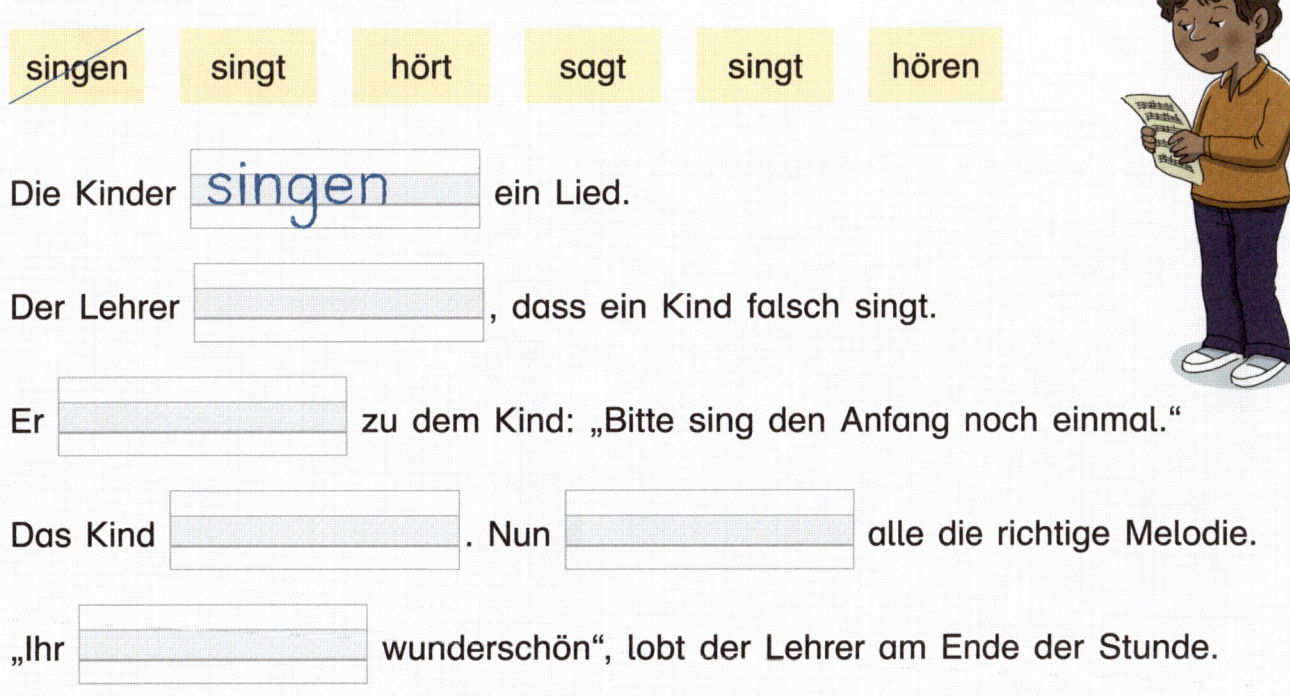

Die Kinder   singen   ein Lied.

Der Lehrer _____, dass ein Kind falsch singt.

Er _____ zu dem Kind: „Bitte sing den Anfang noch einmal."

Das Kind _____. Nun _____ alle die richtige Melodie.

„Ihr _____ wunderschön", lobt der Lehrer am Ende der Stunde.

Wortfelder

1 Lies den Kasten.

> Verben mit ähnlicher Bedeutung gehören zu einem **Wortfeld**.
> Wortfeld gehen: laufen, rennen, schleichen

2 Verbinde mit dem passenden Bild.

| gehen |

| rennen |

gehen

| schleichen |

| stolpern |

| hüpfen |

3 Schreibe die Wörter zum passenden Bild.

| flüstern | sagen | rufen | fragen |

4 Zu welchem Wortfeld gehören die Wörter in ?

Wortfelder

1 Markiere die Verben der Wortfelder **gehen** und **sagen** in verschiedenen Farben.

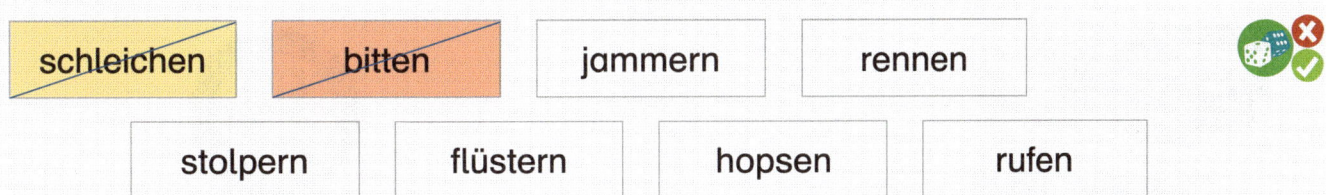

| schleichen | bitten | jammern | rennen |

| stolpern | flüstern | hopsen | rufen |

2 Ordne die Verben aus **1** in die Tabelle.

Wortfeld: **gehen**

schleichen

Wortfeld: **sagen**

bitten

3 Setze die Verben aus dem Wortfeld **essen** passend ein.

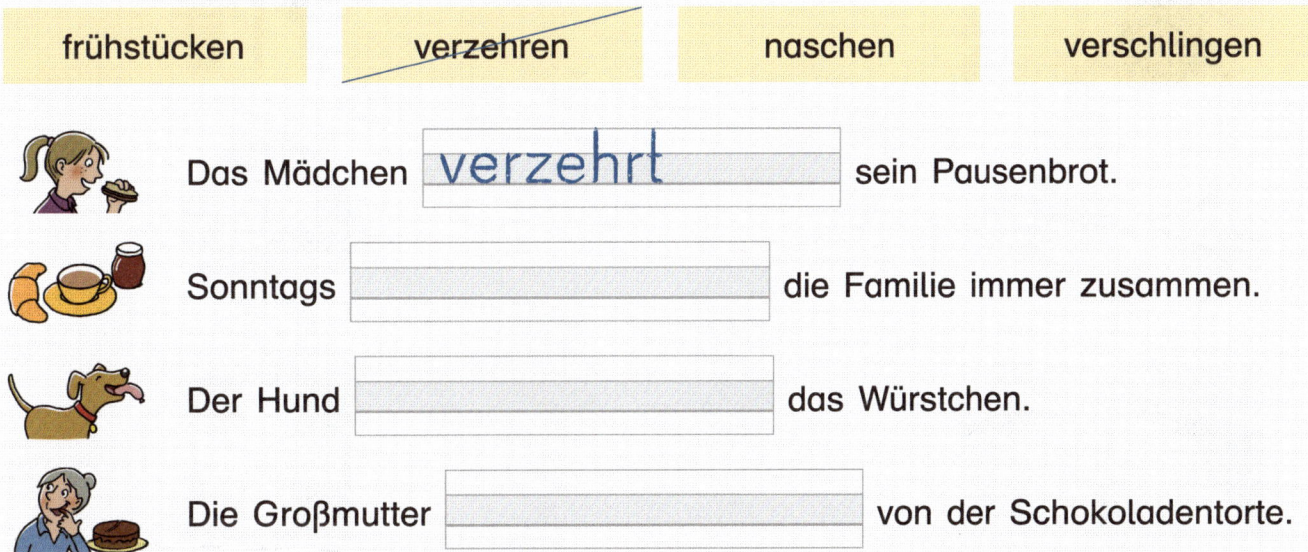

| frühstücken | verzehren | naschen | verschlingen |

Das Mädchen **verzehrt** sein Pausenbrot.

Sonntags _____ die Familie immer zusammen.

Der Hund _____ das Würstchen.

Die Großmutter _____ von der Schokoladentorte.

Piktogramme und Emojis

1 Verbinde passend.

Piktogramme und Emojis

1 Was bedeuten die Piktogramme? Verbinde.

Schwimmbad

Flughafen

Telefon

Behindertentoilette

Fotografieren verboten

Parkplatz

W-Lan

Gepäck

Abfalleimer

Treppe

Krankenhaus

Doppelte Mitlaute

1 Lies den Kasten.

> Doppelte Mitlaute folgen nur nach einem kurzen Selbstlaut.
> Zimmer, Affe, Ball, nett

2 Markiere die doppelten Mitlaute.

Zimmer	nett	Affe
Ball	Wasser	Kanne

3 Verbinde passend. Schreibe das Wort daneben.

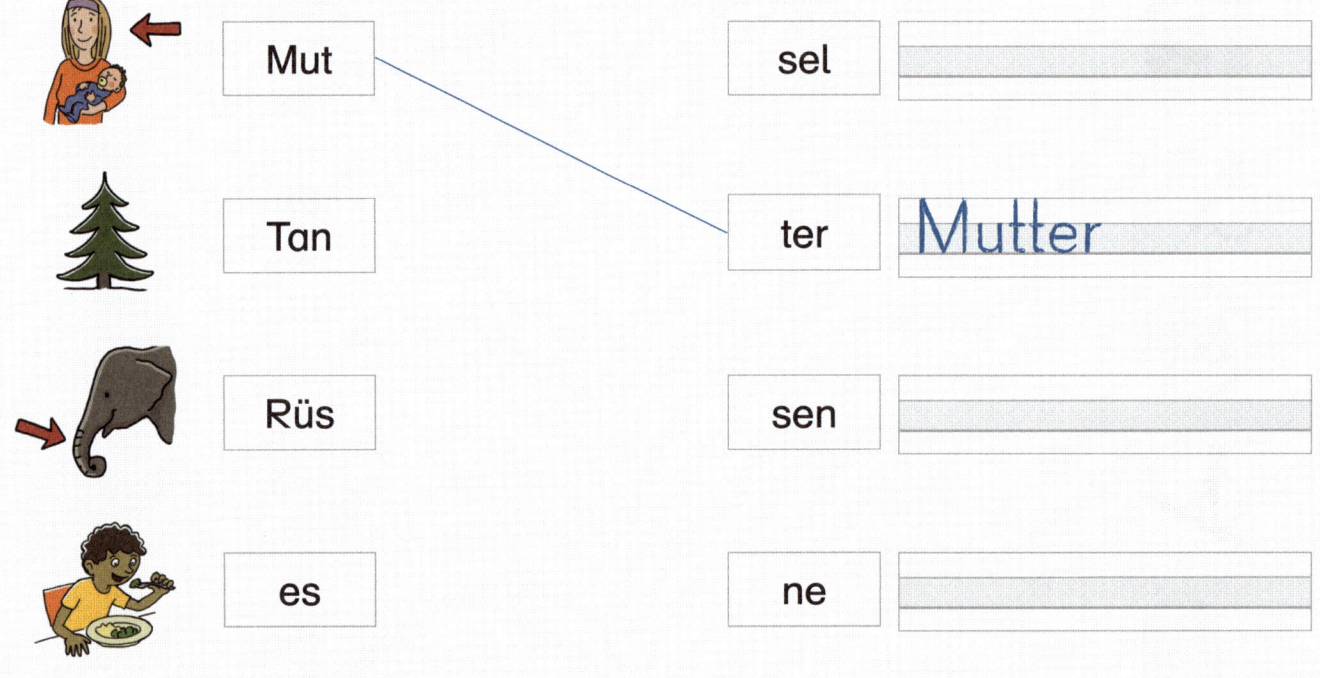

Mut	sel	
Tan	ter	Mutter
Rüs	sen	
es	ne	

4 Markiere in **3** die doppelten Mitlaute.

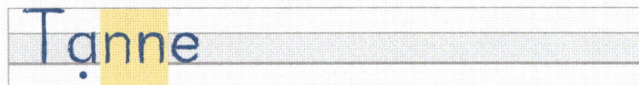

Tanne

Doppelte Mitlaute

1 Lies den Text. Finde zwölf Wörter mit doppeltem Mitlaut. Markiere sie.

Ich habe einen Brief von meinem Opa bekommen.
Er fragt, ob wir uns am Mittwoch an der Hütte treffen
wollen. Opa wird dann Wasser und eine Kanne Kakao
mitbringen. Wenn ich Kartoffelsalat essen möchte,
bereitet er eine ganze Schüssel davon vor.

2 Schreibe die Wörter mit doppeltem Mitlaut passend auf.
Markiere alle doppelten Mitlaute und den kurzen Selbstlaut davor.

Wörter mit mm: bekommen,

Wörter mit tt:

Wörter mit ff:

Wörter mit ll:

Wörter mit nn:

Wörter mit ss:

3 Schreibe die doppelten Mitlaute in die Lücken.
Schreibe ein passendes Reimwort darunter.

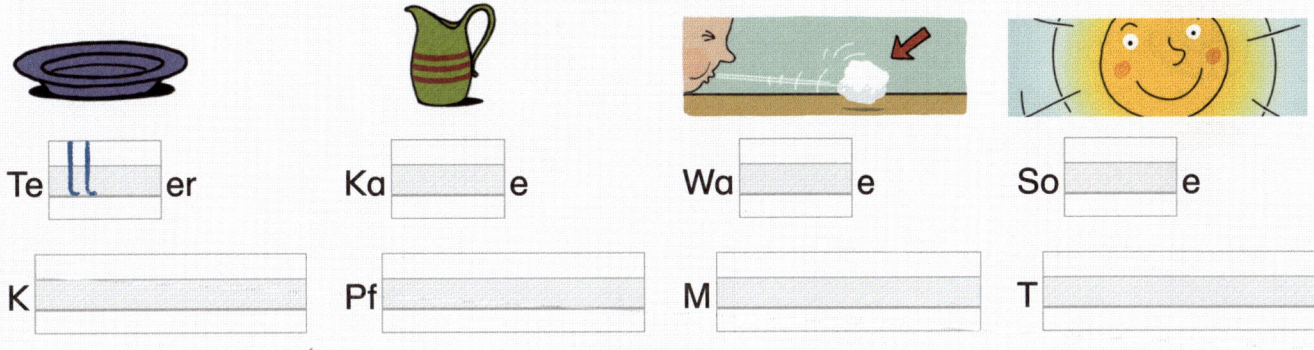

Te ll er   Ka____e   Wa____e   So____e

K____   Pf____   M____   T____

Wörter mit ß

1 Markiere ß.

Floß

gießen

Süßigkeiten

schießen

Strauß

Fuß

Soße

Straße

weiß

2 Schreibe die Wörter auf.

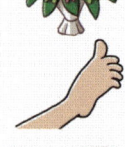

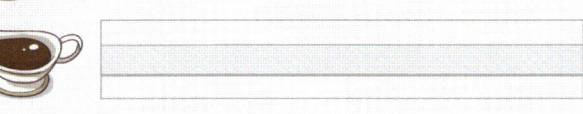

3 Markiere ß in **2**.

Strauß

Wörter mit ß

1 Verbinde. Schreibe die Wörter mit **ß** auf.

| weiß | barfuß | Floß | Fußball | Soße | Strauß | ~~außen~~ |

Das Gegenteil von innen.

Kunstvoll zusammengebundene Blumen.

Wasserfahrzeug aus zusammengebundenen Baumstämmen.

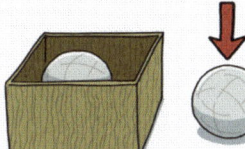

außen

Ball, der während des Spiels mit den Füßen oder dem Kopf bewegt wird.

Ohne Schuhe und Strümpfe sein.

Würzige Flüssigkeit, die über das Essen gegossen wird.

Das Gegenteil von schwarz.

Aufforderungssätze und Ausrufe

1 Lies den Kasten.

> Nach einem **Aufforderungssatz** oder einem **Ausruf** setze ich
> ein **Ausrufezeichen**.
> Räum dein Zimmer auf! Oje, so ein Durcheinander!

2 Schreibe.

 Räum auf!

Beeilt euch!

Gewonnen!

Oh nein!

Wie schön!

Räum auf!

3 Markiere in **2** alle **!**.

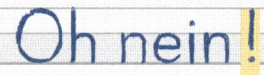 Oh nein **!**

Aufforderungssätze und Ausrufe Aa

1 Was sagen die Kinder? Male rot an.
Was sagt der Großvater? Male grün an.

Oh nein!

Das kann doch nicht wahr sein, hier fehlt der Deckel!

Legt das Brot in den Brotkasten!

Beeilt euch ein bisschen!

Wisch das mit dem Lappen auf!

Welch ein Durcheinander!

2 Schreibe die Sätze aus **1** ab.
Markiere den Satzanfang und das Ausrufezeichen am Satzende.

Beeilt euch ein bisschen !

Verschiedene Satzarten Aa

1 Verbinde.

Aussagesatz		!
Fragesatz		.
Aufforderungssatz		?

2 Markiere die Satzzeichen. Kreuze an.

Wann sind wir da**?**

☒ Fragesatz
☐ Aufforderungssatz
☐ Aussagesatz

Ich habe Durst.

☐ Fragesatz
☐ Aufforderungssatz
☐ Aussagesatz

Wie viel Uhr ist es?

☐ Fragesatz
☐ Aufforderungssatz
☐ Aussagesatz

Sei doch mal leise!

☐ Fragesatz
☐ Aufforderungssatz
☐ Aussagesatz

Fahr langsam!

☐ Fragesatz
☐ Aufforderungssatz
☐ Aussagesatz

Es gibt Kuchen.

☐ Fragesatz
☐ Aufforderungssatz
☐ Aussagesatz

Verschiedene Satzarten

1 Verbinde.

Darf ich dir helfen ★

Das Buch ist spannend ★

Wann ist die Stunde zu Ende ★

Schrei doch nicht immer so ★

Ich bin gleich fertig ★

Lass mich in Ruhe ★

Gib mir das Buch ★

Leihst du mir deinen Stift ★

Ich löse die Aufgabe allein ★

2 Schreibe die Sätze aus **1** ab. Ergänze: . oder ! oder ? .
Markiere den Satzanfang und das Zeichen am Satzende.

● Ich bin gleich fertig.

!

?

Wörter mit A/ä und Au/äu ableiten ⚡

1 Lies den Kasten.

> Ich schreibe ein Wort mit **ä** oder **äu**, wenn es dazu
> ein verwandtes Wort mit **a** oder **au** gibt:
> die S**ä**fte – der S**a**ft, die H**äu**ser – das H**au**s

2 Verbinde.

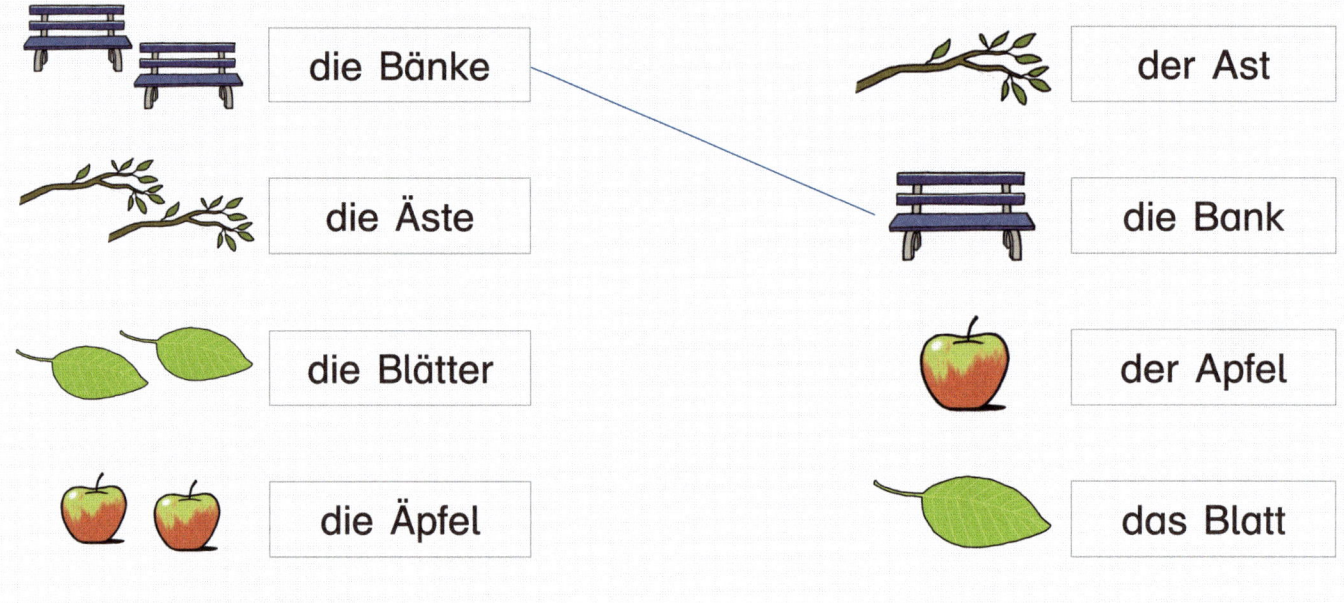

die Bänke

die Äste

die Blätter

die Äpfel

der Ast

die Bank

der Apfel

das Blatt

3 Markiere in **2** **a** und **ä**.

4 Schreibe und markiere **au** und **äu**.

die Bäume   der Baum

die Häuser

die Mäuse

die Sträucher

Wörter mit A/ä und Au/äu ableiten ⚡

1 Schreibe die verwandten Wörter richtig auf.

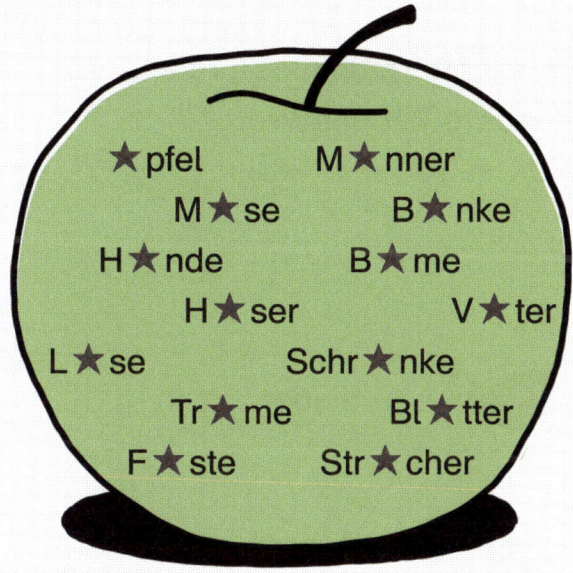

★pfel   M★nner
M★se   B★nke
H★nde   B★me
H★ser   V★ter
L★se   Schr★nke
Tr★me   Bl★tter
F★ste   Str★cher

Vater   Baum
Laus   Hand
Apfel   Strauch
Schrank   Bank
Mann   Haus
Maus   Blatt
Traum   Faust

Wortpaare mit **ä – a**:

Äpfel – Apfel,

Wortpaare mit **äu – au**:

Wörter mit b/p, d/t, g/k am Ende verlängern ↪

1 Lies den Kasten.

> Wenn ich am Ende eines Wortes **p**, **t** oder **k** höre, muss ich prüfen,
> wie das Wort geschrieben wird. Dazu verlängere ich das Wort.
> das Kind – die Kinder, das Bad – die Bäder, schmutzig – das schmutzige Auto

2 Kreuze an.

3 Schreibe die Wörter in der Einzahl auf.

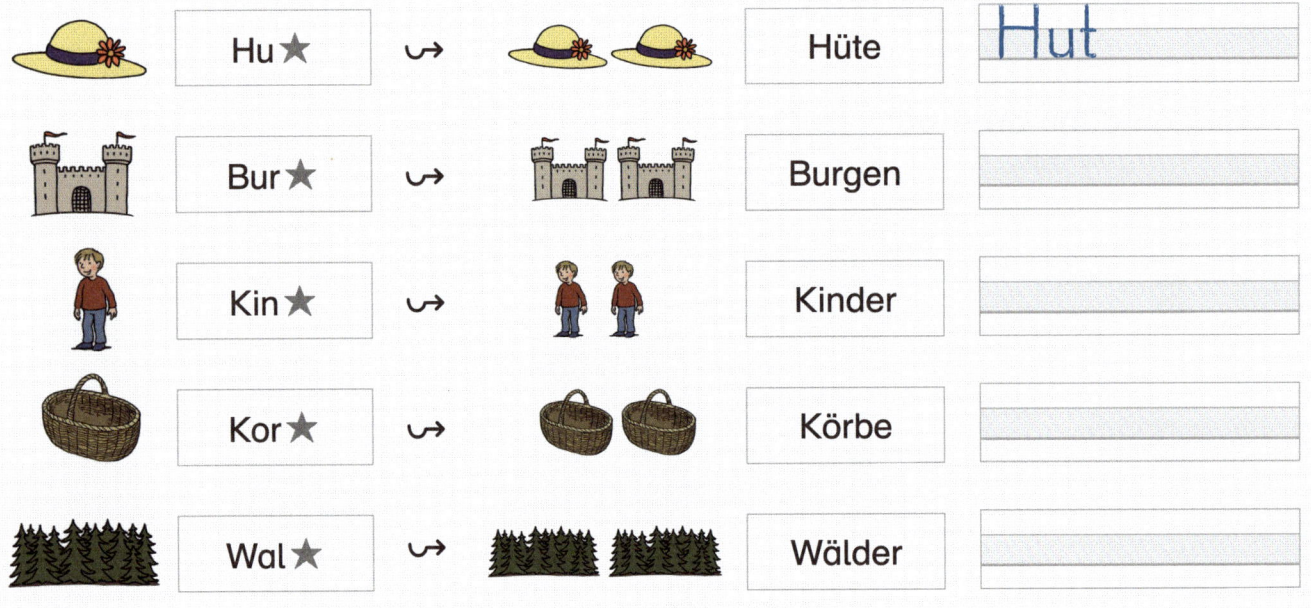

Wörter mit b/p, d/t, g/k am Ende verlängern ↪

1 Schreibe die Wörter richtig auf. Finde immer eine Verlängerung.

| Sonnta★ | Hu★ | Ba★ | Sie★ |

| Schran★ | Mikrosko★ | We★ | Die★ | Wor★ |

| Pfer★ | Bur★ | Urlau★ | Kin★ |

Wörter mit **g/k**:

Sonntag – Sonntage,

Wörter mit **d/t**:

Wörter mit **b/p**:

2 Schreibe **b/p**, **d/t** oder **g/k** passend in die Lücken.

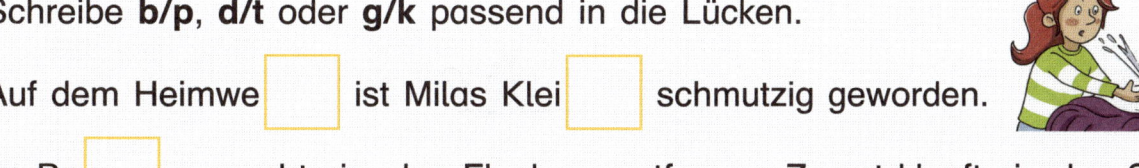

Auf dem Heimwe [ ] ist Milas Klei [ ] schmutzig geworden.

Im Ba [ ] versucht sie, den Fleck zu entfernen. Zuerst klopft sie den Stau [ ]

ab. Als sie mit der rechten Han [ ] die Temperatur des Wassers prüft, spritzt

es ihr ins Gesich [ ] .

Wörter mit ck

1 Lies den Kasten.

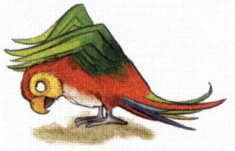

ck folgt nur nach einem kurzem Selbstlaut.
die Jạ**ck**e, verstẹ**ck**en, dị**ck**

2 Was reimt sich? Verbinde.

Mücke	Schnecke	Dreck	Rock
Decke	Stock	Brücke	Fleck

3 Schreibe die Wörter auf.

 Dreck

4 Markiere **ck** in **3**.

Drẹck

Sprachbuch Seite 92

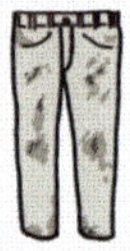

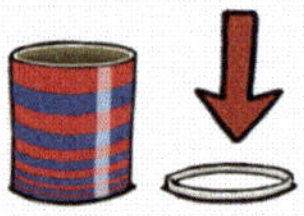

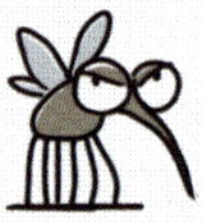

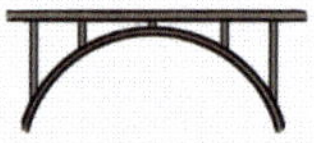

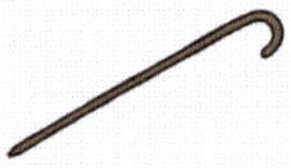

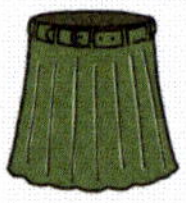

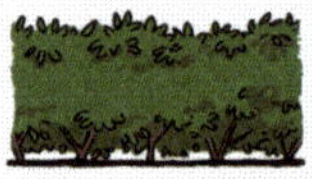

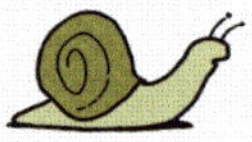

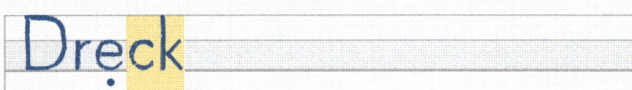

Wörter mit ck

1 Verbinde die Silben. Schreibe die Wörter auf.
Markiere den kurzen Selbstlaut vor dem **ck** mit einem Punkt.

Ja	**ck**en
le	**ck**ig
We	**ck**eln
dre	**ck**er
De	**ck**e
wa	**ck**el

Ja̧cke

2 Setze die Wörter ein. Ergänze passend.

Stock | Sack | Jacke | Stück | Rock

Opa hat einen **Stock**, Emil ein **Stöckchen**.

Mama trägt einen _____, Mila ein _____.

Oma befüllt einen _____, Naomi ein _____.

Der Riese kriegt ein _____, der Zwerg ein _____.

Emil trägt eine _____, das Baby ein _____.

Wörter mit tz

1 Lies den Kasten.

> **tz** folgt nur nach kurzem Selbstlaut.
> der Platz, die Spritze, putzen

2 Was reimt sich? Verbinde.

Katze	Spatz	Mütze	Tatze

Matratze	Pfütze	Schatz	Glatze

3 Schreibe die Wörter auf.

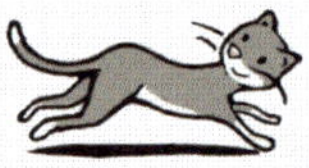

Katze

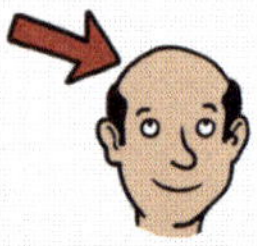

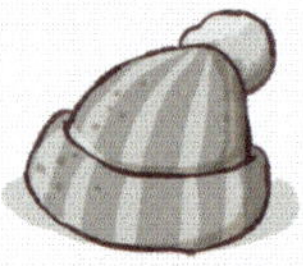

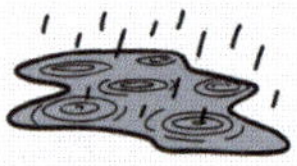

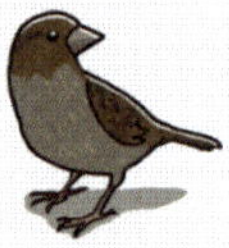

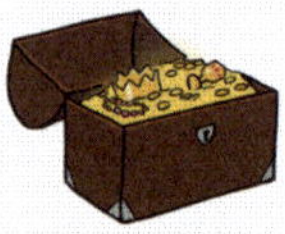

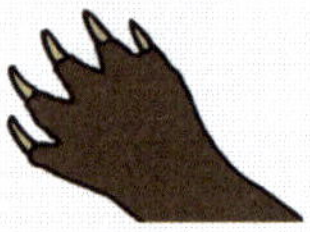

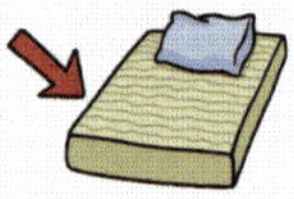

4 Markiere **tz** in **3**.

Katze

Wörter mit tz

1 Verbinde die Reimwörter.

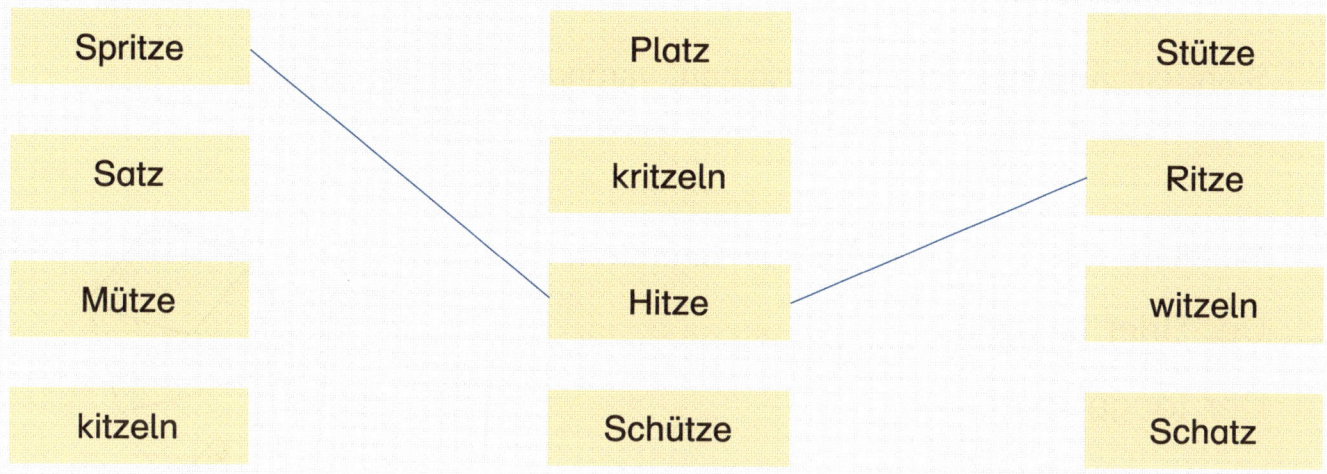

Spritze	Platz	Stütze
Satz	kritzeln	Ritze
Mütze	Hitze	witzeln
kitzeln	Schütze	Schatz

2 Schreibe die Reimwörter aus **1** auf. Markiere **tz** und den kurzen Selbstlaut davor.

Spritze –

3 Schreibe die Wörter richtig auf.

Was ist denn hier passiert?

Blitz   kratzen   schützen

Blitz

Matratze   nutzen   witzig   Flugplatz

Adjektive verändern sich

1 Lies den Kasten.

> Steht ein **Adjektiv** vor einem Nomen, verändert sich die Endung.
> groß – der groß**e** Bruder, ein groß**er** Bruder, ein groß**es** Kind

2 Markiere, was sich beim Adjektiv verändert.

Der Brief ist <u>lang</u>.

Der lang<mark>e</mark> Brief.

Ein langer Brief.

Die langen Briefe.

3 Streiche das falsche Adjektiv durch. Schreibe den Satz.

Ein	~~großer~~ ~~großes~~	Bruder.

Ein großer Bruder.

Der	lange langer	Brief.

Eine	neuer neue	Nachricht.

Die	blauen blaues	Handys.

Adjektive verändern sich

1 Unterstreiche in jedem Satz das Adjektiv. Schreibe es auf.
Markiere, was sich beim Adjektiv verändert.

Der Fahrradweg ist <u>breit</u>.

breit

Der breite Fahrradweg kreuzt die Straße.

Ein breiter Fahrradweg wird neu gebaut.

Die breiten Fahrradwege werden asphaltiert.

Das Fahrrad ist rot.

Das rote Fahrrad war ein Geschenk.

Ein rotes Fahrrad hat Emil sich immer gewünscht.

Die roten Fahrräder stehen im Schaufenster.

Die Bremse ist kaputt.

Die kaputte Bremse muss ersetzt werden.

Eine kaputte Bremse führt zu Unfällen.

Die kaputten Bremsen wurden repariert.

Wortarten erkennen: Nomen, Verben, Adjektive

1 Verbinde.

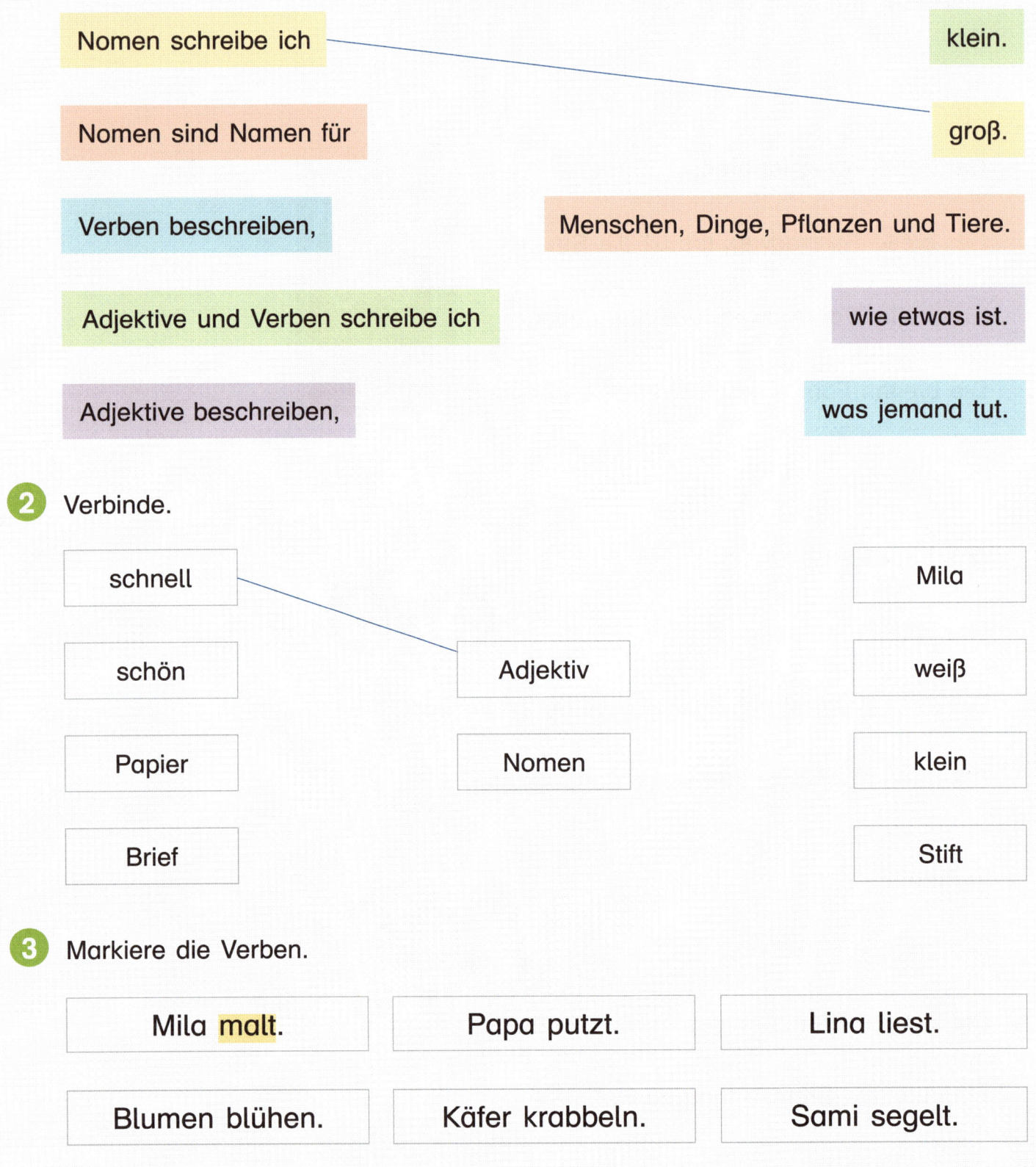

Nomen schreibe ich	klein.
Nomen sind Namen für	groß.
Verben beschreiben,	Menschen, Dinge, Pflanzen und Tiere.
Adjektive und Verben schreibe ich	wie etwas ist.
Adjektive beschreiben,	was jemand tut.

2 Verbinde.

schnell		Mila
schön	Adjektiv	weiß
Papier	Nomen	klein
Brief		Stift

3 Markiere die Verben.

| Mila malt. | Papa putzt. | Lina liest. |
| Blumen blühen. | Käfer krabbeln. | Sami segelt. |

Wortarten erkennen: Nomen, Verben, Adjektive

1 Kreise die Nomen, Verben und Adjektive mit unterschiedlichen Farben ein.

(Brief) abschicken *freundlich*

antworten Gruß *schreiben*

betreffen Adresse lieb

aufgeregt Name blau

2 Schreibe die Nomen, Verben und Adjektive aus **1** geordnet auf.

Nomen	Verben	Adjektive
Brief		

3 Finde zu jeder Wortart vier weitere Beispiele. Schreibe sie in die richtigen Spalten in **2**.

Dialekte und Wörterspiele

1 Schreibe.

Essen mit E: **Erdbeere**

Tiere mit L:

Nomen mit O:

Körperteil mit N:

Farben mit G:

2 Verbinde. Immer zwei Bilder passen zu einem Wort.

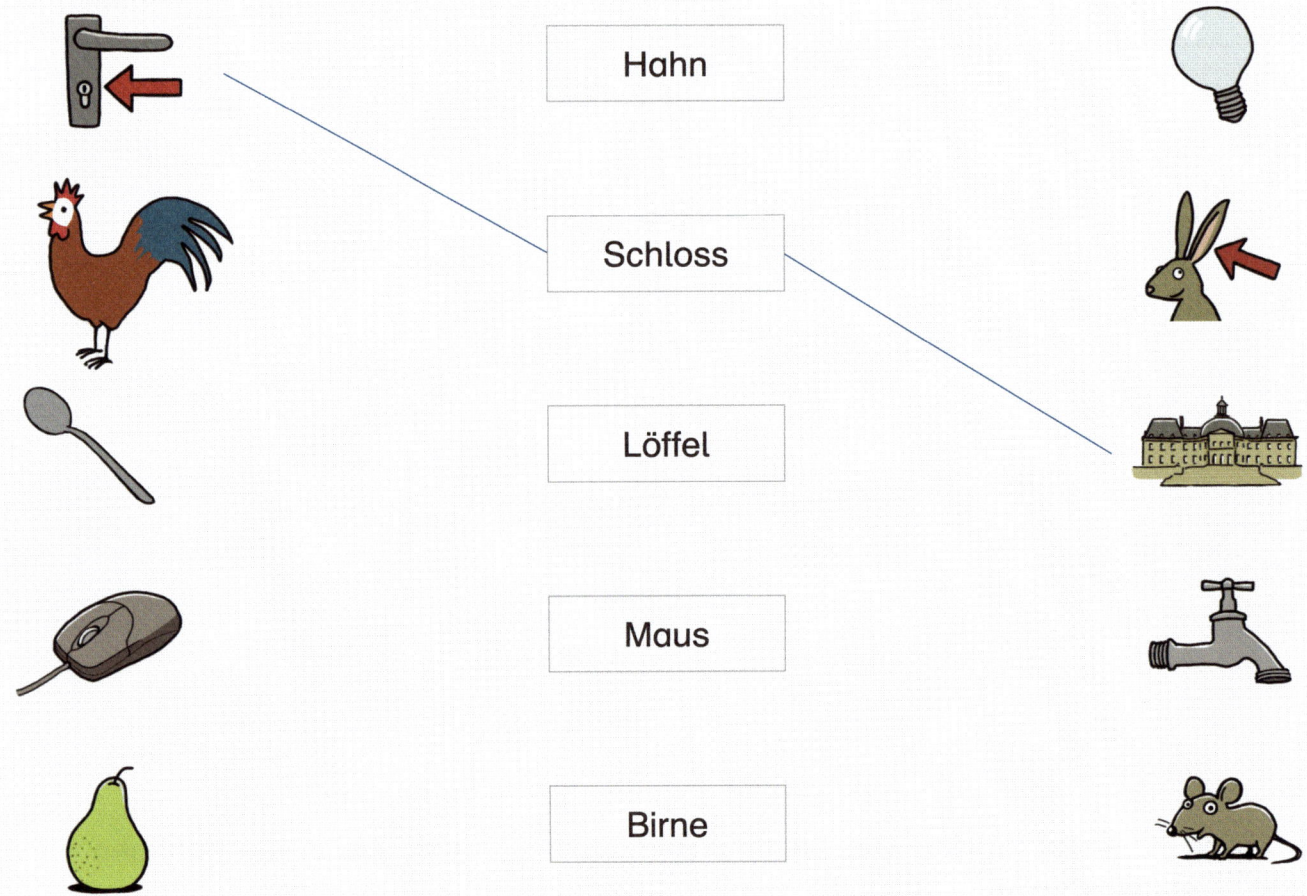

Hahn

Schloss

Löffel

Maus

Birne

Dialekte und Wörterspiele

1 Bilde Wörterketten. Beginne jedes Wort mit dem letzten Buchstaben des vorangegangenen Wortes. Markiere immer den Wortanfang und das Wortende.

HOSE – ESEL – L

AUTO – O

VOGEL –

REGEN –

Verwende eine Wörterliste.

2 Schreibe das ABC in die zweite Zeile. Entziffere die Wörter und schreibe sie auf.

R S T U V W X Y Z A B C D E F G H I J K L M N O P Q

A B C

WCRJTYVEGFJK   Flaschenpost

GZIRKVEJTYZWW

UIVZDRJKVI

JKVILVSFIU

BCRSRLKVIDREE

JTYRKQKILYV

Vorangestellte Wortbausteine

1 Lies den Kasten.

> Vorsilben sind Wortbausteine. Sie verändern die Bedeutung von Wörtern.
> **ab**malen, **aus**malen, **ver**laufen, **vor**laufen

2 Markiere die vorangestellten Wortbausteine.

anfahren	abgeben	mitfahren	verschreiben
mitgeben	versprechen	vorfahren	anschreiben

3 Schreibe.

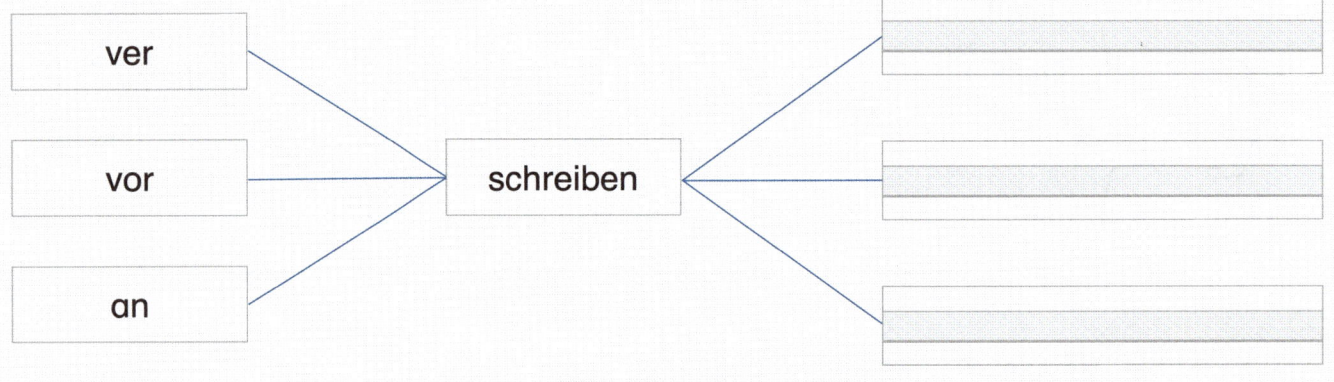

ver · vor · an → schreiben

4 Verbinde passend.

anschreiben

abschreiben

verschreiben

Vorangestellte Wortbausteine

1 Bilde mit den Vorsilben neue Verben. Schreibe sie auf.
Markiere die Vorsilben.

aus / an

| malen | *aus*malen, |
| sprechen | |

vor / ver

| lassen | |
| stellen | |

mit / an

| bringen | |
| fliegen | |

2 Welche Vorsilbe passt? Markiere sie.

Milo möchte Fiete zum Spielplatz **auf** / **mit** nehmen. Dazu muss er Fiete zuerst

an / **vor** leinen. Als die beiden auf dem Spielplatz **an** / **vor** kommen, kann er

die Leine wieder **los** / **mit** machen, um zusammen Ball zu spielen.

Da kommt Mila um die Ecke. „Darf ich **mit** / **vor** spielen?",

fragt sie. „Klar!", antwortet Milo. „Du musst den Ball **an** / **weg** werfen,

dann wird Fiete ihn **zurück** / **aus** holen", erklärt er Mila das Spiel.

Wörter mit ch

1 Sprich die Wörter. Schreibe sie auf.

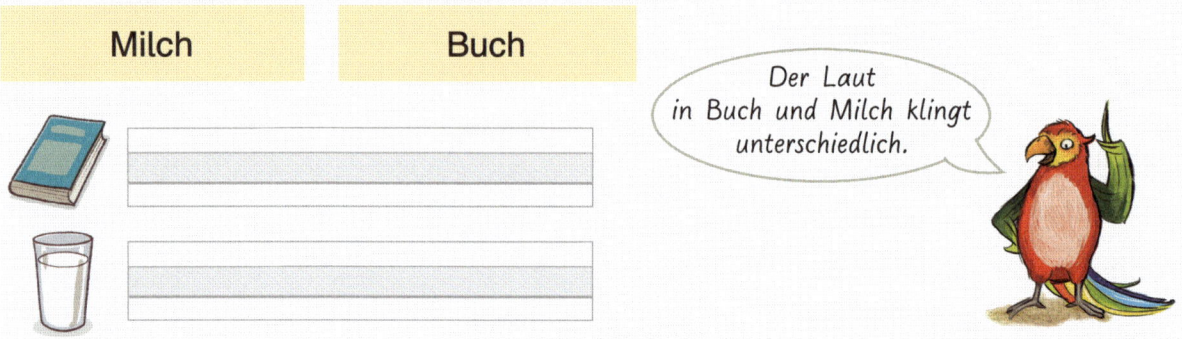

| Milch | Buch |

Der Laut in Buch und Milch klingt unterschiedlich.

2 Verbinde.

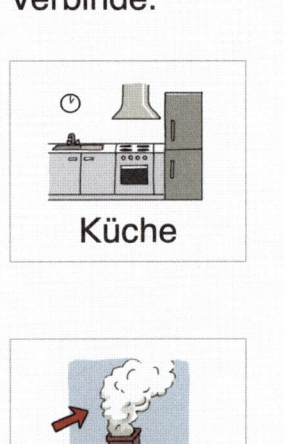

Küche

Rauch

Kuchen

rechts

ch klingt wie in **Buch**

ch klingt wie in **Milch**

aufwachen

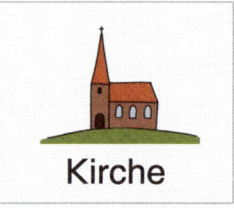

Kirche

Gesicht

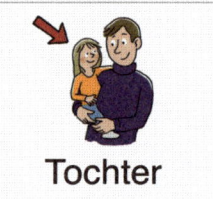

Tochter

Wörter mit ch

1 Klingt das **ch** wie in Milch ? Dann markiere es gelb.
Klingt das **ch** wie in Buch ? Dann markiere es lila.

Kuchen   Küche   Nachmittag   wach   reich

Gesicht   riechen   Tochter   schlecht

acht   Loch   Licht   rechnen   suchen

2 Schreibe die Wörter aus **1** auf.

Küche,

Kuchen,

3 Finde Reimwörter. Schreibe sie auf.
Markiere **ch** mit verschiedenen Farben wie in **1**.

Teich	Sachen	fluchen	Schlauch
r	m	s	B

Licht	Rechen	Koch	mich
d	st	L	s

Merkwörter mit aa, ee und oo Ⓜ

1 Lies den Kasten.

Wörter mit doppeltem Selbstlaut sind Merkwörter. Ⓜ
Diese Wörter muss ich mir gut merken
der Zoo, die Erdbeeren, das Haar

2 Markiere die doppelten Selbstlaute.

Fee	Erdbeere	See	Tee	Zoo
Klee	Haar	leer	Boot	Saal

3 Setze passende Wörter ein.

Liebe Lina,

ich war mit Oma am  See .

Es gab _____.

Ich habe jetzt ein Buch mit einer _____.

Magst du auch so gerne _____?

Deine Mila

Merkwörter mit aa, ee und oo Ⓜ

1 Markiere die Wörter mit unterschiedlichen Farben: aa, ee oder oo.

das Moor   das Haar   das Moos   die Fee

die Waage   der Klee   das Paar   der Zoo

die Beere   das Boot   das Meer   der Saal

2 Schreibe die Wörter aus **1** mit ihrem bestimmten Artikel in die Tabelle.

aa	ee	oo
die Waage		

3 Setze die Wörter passend ein.

Aal	leer	doof	Erdbeeren

Die große Schüssel mit den süßen _____

war schnell _____ .

Naomis Opa hat einen langen _____ fürs

Abendessen vorbereitet.

Die Kinder finden das neue Computerspiel ziemlich _____ .

Rätsel 1: Geheimschrift

1 Entschlüssele den Code.

A	B	C	D	E	F	G	H	I	J

K	L	M	N	O	P	Q	R	S	T

U	V	W	X	Y	Z	Ä	ß

H			

Rätsel 2: Buchstabensalat

1 Jeweils ein Bild und ein verwürfeltes Wort gehören zusammen. Verbinde.

ISENL

PATNICRESIFHF

FEELMARDUS

FESCHLAPSONT

STSAKZTICHE

FORHNRER

RNIGSUTRENTG

2 Überprüfe dein Ergebnis in **1**, indem du alle Wörter richtig aufschreibst.

Insel,

Rätsel 3: Wer ist es?

1 Lies genau und trage die Lösung ein.

Ich heiße

Ich mag

Ich heiße

Ich mag

Ich heiße

Ich mag

1. Anna trägt ein rotes T-Shirt.

2. Hanna isst ein Eis.

3. Mia hat eine Blume auf dem T-Shirt.

4. Das Mädchen in der Mitte geht gerne schwimmen.

5. Hanna spielt Fußball.

6. Das Mädchen mit den kurzen Haaren liest gerne.

Rätsel 4: Kreuzworträtsel

1 Löse das Kreuzworträtsel. Finde das Lösungswort, indem du die gelb markierten Buchstaben von oben nach unten liest. Schreibe es auf.

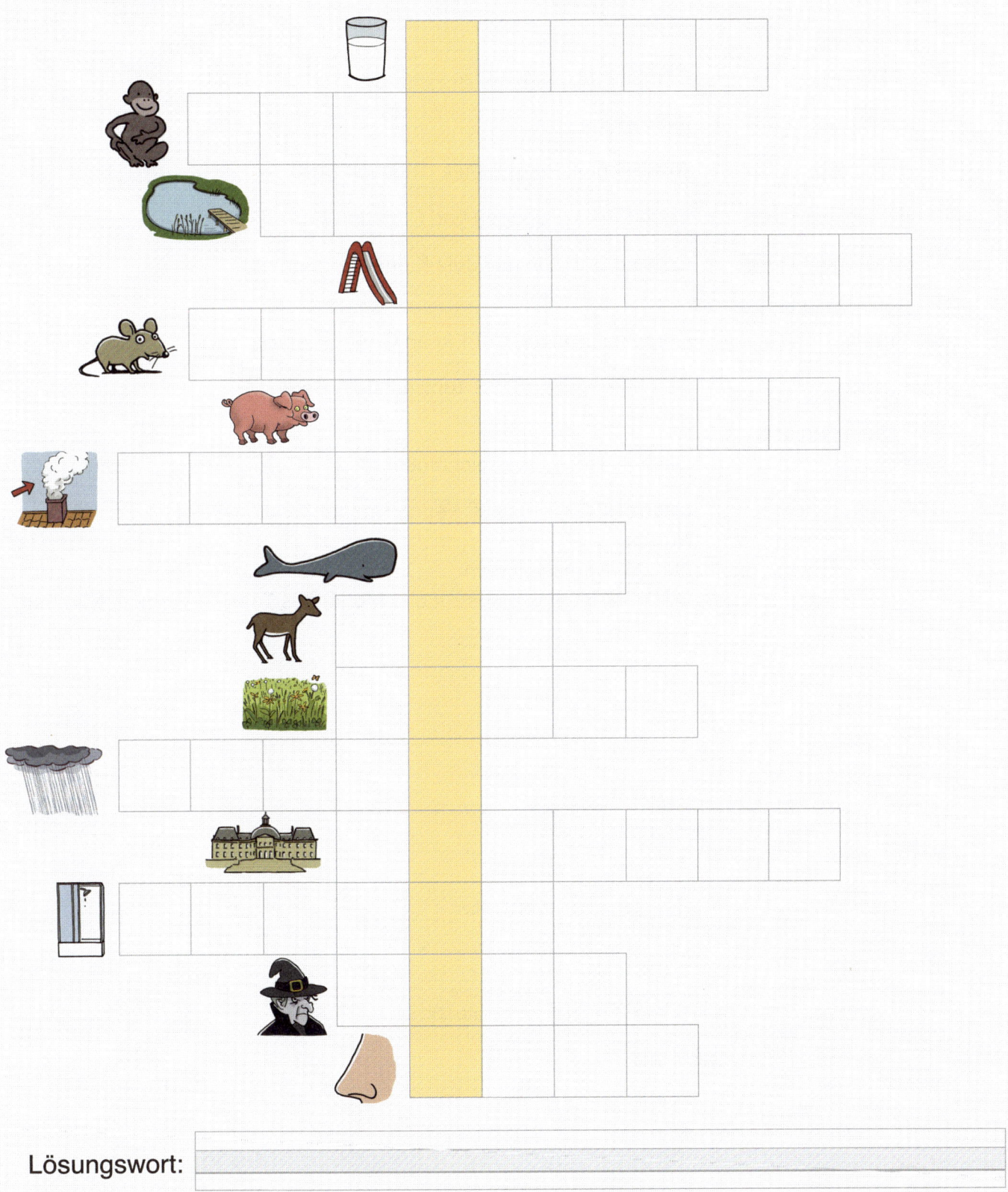

Lösungswort:

Deutsch mit Olli 2 Sprachbuch

Arbeitsheft LEICHT | BASIS

Erarbeitet von:	Christine M. Kaiser, Lisa Wegerle
Redaktion:	Julia Kluge
Illustrationen:	Axel Nicolai, Petra Eimer, Christian Bartz
Umschlagillustration:	Petra Eimer (Papagei) und Christian Bartz
Umschlaggestaltung:	Corinna Babylon und Jule Kienecker, Berlin
Layoutkonzept und technische Umsetzung:	Cornelia Gründer, Corngreen GmbH, Leipzig
Tonstudio:	Bernhard Voss, VOSS Tonwerkstatt, Berlin
Sprecherinnen und Sprecher:	Oliver Nitsche, Ilka Teichmüller
BOOKii-Funktion:	Lizenz BOOKii Tessloff Verlag Ragnar Tessloff GmbH & Co. KG, Nürnberg http://www.tessloff.com BOOKii® ist eine eingetragene Marke des Tessloff Verlags, Nürnberg

www.cornelsen.de

1. Auflage, 1. Druck 2022
Alle Drucke dieser Auflage sind inhaltlich unverändert
und können im Unterricht nebeneinander verwendet werden.

© 2022 Cornelsen Verlag GmbH, Berlin

Athesiadruck GmbH

ISBN 978-3-06-084818-8
ISBN 978-3-464-80603-6 (Lösungsdownload)

PEFC zertifiziert
Dieses Produkt stammt aus nachhaltig
bewirtschafteten Wäldern und kontrollierten
Quellen.
www.pefc.de

PEFC/18-31-166